DIÁLOGO CON TUS GUÍAS, TUS MAESTROS Y TUS SERES QUERIDOS...
LOS REGISTROS AKÁSHICOS Y EL MUNDO ANGÉLICO

DIÁLOGO CON TUS GUÍAS, TUS MAESTROS Y TUS SERES QUERIDOS...
LOS REGISTROS AKÁSHICOS Y EL MUNDO ANGÉLICO

Geneviève Nieto

Nota a los lectores: Esta publicación contiene las opiniones e ideas de su autor. Su intención es ofrecer material útil e informativo sobre el tema tratado. Las estrategias señaladas en este libro pueden no ser apropiadas para todos los individuos y no se garantiza que produzca ningún resultado en particular. Este libro se vende bajo el supuesto de que ni el autor, ni el editor, ni la imprenta se dedican a prestar asesoría o servicios profesionales legales, financieros, de contaduría, psicología u otros. El lector deberá consultar a un profesional capacitado antes de adoptar las sugerencias de este, la integridad de la información o referencias incluidas aquí. Tanto el autor, como el editor, la imprenta y todas las partes implicadas en el diseño de portada y distribución, niegan específicamente cualquier responsabilidad por obligaciones, pérdidas o riesgos, personales o de otro tipo, en que se incurra como consecuencia, directa o indirecta, del uso y aplicación de cualquier contenido del libro.

Este libro no podrá ser reproducido, ni total ni parcialmente, sin previo permiso escrito del autor. Todos los derechos reservados.

Título: *Diálogo con tus Guías, tus Maestros y tus Seres queridos... Los Registros Akáshicos y el Mundo Angélico*

© 2019, Geneviève Nieto

Autoedición y Diseño: 2019, Geneviève Nieto

Primera edición: abril de 2019
ISBN-13: 978-84-17781-44-6

La publicación de esta obra puede estar sujeta a futuras correcciones y ampliaciones por parte del autor, así como son de su responsabilidad las opiniones que en ella se exponen.

Quedan prohibidas, dentro de los límites establecidos por la ley y bajo las prevenciones legalmente previstas, la reproducción total o parcial de esta obra por cualquier medio o procedimiento, ya sea electrónico o mecánico, el tratamiento informático, el alquiler o cualquier forma de cesión de la obra sin autorización escrita de los titulares de copyright.

ÍNDICE

GENEVIÈVE NIETO 9
PRÓLOGO DE LAIN GARCÍA CALVO 15
TESTIMONIOS PARA EL LIBRO DE DIÁLOGO
CON TUS GUÍAS, TUS MAESTROS Y TUS SERES
QUERIDOS - LOS REGISTROS AKÁSHICOS
Y EL MUNDO ANGÉLICO 17
TESTIMONIOS DE MIS COMPAÑEROS
DE RUTA DEL BEST SELLER
2018 CON LAIN GARCÍA CALVO. 23
AGRADECIMIENTOS INICIALES .35

**I LOS REGISTROS AKÁSHICOS
Y EL MUNDO ANGÉLICO** **71**
a) No existen las casualidades 83
b) Los Registros Akáshicos y
   el mundo angélico en tu vida cotidiana. 108
c) Realmente ¿quiénes son los Arcángeles y Ángeles? 121

**II LOS REGISTROS AKÁSHICOS-TRABAJOS
DE SANACIÓN EN COLABORACIÓN CON
ELLOS PARA TI Y TU ENTORNO**. **157**
La Meditación en mi vida cotidiana 191

**III SANACIÓN CON LOS REGISTROS
AKÁSHICOS, EN COLABORACIÓN PARA
SANAR EL PLANETA TIERRA**. **199**

AGRADECIMIENTOS FINALES *227*

GENEVIÈVE NIETO

Geneviève NIETO (Saint - Etienne, 1968) se inició en el mundo de las letras componiendo poemas desde la adolescencia, pero ha retomado su antigua pasión en este momento de profundos cambios en el que estamos inmersos todos, abriéndonos a muchísimas preguntas sobre quiénes somos realmente y por qué estamos aquí. ¿Tenemos alguna misión, algún propósito? ¿Somos quienes pensamos que somos?

Diálogo con tus Guías, tus Maestros y tus Seres queridos. Los Registros Akáshicos y el mundo angélico nos recuerda que nunca estamos solos, que siempre están con nosotros, nos guían y nos acompañan, dejándonos siempre nuestro libre albedrío en las decisiones que tomamos. Si aquietas la mente, y escuchas, te llegarán mensajes, unos auditivos, otros visuales... según la percepción de cada uno.

La escritura es una poderosa herramienta de transformación y, en esta obra, a la autora le ha servido para plasmar todo lo aprendido a lo largo de su camino espiritual que fue como verdaderas revelaciones y lo que queda por aprender.

Técnicas de sanación a través del reiki u otras técnicas japonesas, lectura de los Registros Akáshicos, prácticas de diferentes tipos de yoga (Hatha yoga, Yin yoga, Yoga terapéutico, Yoga nidra, Raja yoga...), el método del doctor Yuen, las prácticas milenarias de Chi Kung, Tai Chi..., y a través de la meditación esta búsqueda del verdadero Yo, del Ser y otras experiencias en múltiples talleres de crecimiento personal, le han permitido descubrir que en lo más hondo de nuestro Ser está la respuesta a todas nuestras preguntas. También se abre el camino para nuevos comienzos mediante la canción con Baila para ti, que se puede encontrar en YouTube y en varias plataformas como Spotify, Amazon, Deezer... y muchas más, con muchos más temas en preparación. Solo es necesario parar, quedarse quieto y en silencio para escuchar lo que se nos ha de revelar y sentirnos todos conectados con el Universo "Todos somos Uno".

"Hay muchos seres que han dado un paso más allá del Reino Humano, el Quinto o Espiritual. Libros como este son faros, luminarias que guían los pasos de muchos buscadores en el Sendero del Despertar. "Un ladrillo de Luz en el Templo de la Vida plena", Francisco Redondo, autor de *La luz diamantina,* organizador de las meditaciones grupales de servicio de Plenilunio para el planeta y Curso de Raja Yoga.

"Cuando una persona accede al Espacio Akáshico, lo que hace en realidad es aumentar su estado de conciencia. Y desde ese estado elevado, comienza a vislumbrar a su alrededor el Amor, la Verdad y la Belleza del mundo que le rodea, y que todo lo que veía con anterioridad era una mera sombra de la realidad." Diana Solaz, *instructora de los Registros Akáshicos, Maestría de Reiki y muchas más terapias dentro del crecimiento personal.*

SÉ TÚ MISMO, TÚ MISMA... ESCUCHA TU VERDADERA ESENCIA Y DE CADA INSTANTE DISFRUTA

REFLEXIONES DEL DÍA:

*Sé tu mismo/a, sé auténtico/a
alguien te puede inspirar,
pero sé tu mismo/a, sé auténtico/a,
alégrate por lo que tú eres, tu propia esencia,
es única y a la vez una, recuerda,
con todo lo que te rodea, es unidad...
Sé honesto/a contigo mismo/a,
aleja lo que no es amor en ti y en tu vida,
alégrate por tu felicidad y la de los demás,
ahí reside la nobleza de tu alma,
no la del ego, de la personalidad...
Ahí está la clave de tu paz interior, de tu alegría,
de tu felicidad.
Simplemente tú mismo/a y sencillamente amáte...*

Geneviève Nieto

PRÓLOGO DE LAIN GARCÍA CALVO

Creamos de dentro hacia fuera, en este orden.

A la gente no iba bien porque han aprendido a invertir el orden natural de las cosas, de modo que las masas históricamente se equivocan.

Pocos son los que consiguen vivir una vida bendecida, llena de salud, dinero y amor en abundancia, con sentido de propósito. Son pocos, pero los hay, porque MUCHOS SON LOS LLAMADOS Y MUY POCOS LOS ELEGIDOS.

¿Y si tú puedes APRENDER a ser un ELEGIDO?

Son pocos porque hace falta tener valor para admitir que quizás no conocemos la verdad, y el primer paso es ver los resultados. Si lo que hay fuera no es de nuestro agrado, significa que algo no ha salido bien, y no somos nosotros los que estamos mal, sino lo que está dentro de nosotros.

Si hacemos un símil con un ordenador, tu parte exterior, lo que sería tu cuerpo, tus hábitos, tus acciones, es el hardware; mientras que tu interior, lo que corresponde a tus pensamientos y emociones, eso sería el software.

Pensamos que cambiando el hardware cambiamos el programa, es como intentar cambiar el soporte físico del ordenador y pretender que tenga un sistema operativo distinto.

Si cambias la carcasa, el interior sigue igual.

Ha llegado el momento de aprender qué hay en el interior. No solamente en nuestro interior, sino en el interior del mundo que vivimos.

Descifrar la parte invisible y adentrarnos en el maravilloso mundo de lo sutil, lo que no se percibe con los sentidos, sino con el alma.

Si estás aquí intuyo que ya estás preparado, pues nunca se llega a un libro así por casualidad sino por CAUSAlidad.

Cuando el alumno está preparado aparece el maestro, y quizás sea ya el momento de cambiar el software.

Gracias, Geno, por escribirlo.

LAIN
Autor de la Saga de *LA VOZ DE TU ALMA*.
www.lavozdetualma.com

Aquí en el Club de la Riqueza de Christian Abratte

TESTIMONIOS PARA EL LIBRO DE DIÁLOGO CON TUS GUÍAS, TUS MAESTROS Y TUS SERES QUERIDOS - LOS REGISTROS AKÁSHICOS Y EL MUNDO ANGÉLICO

"Hay muchos seres que han dado un paso más allá del Reino Humano, el Quinto o Espiritual. Libros como este son faros, luminarias que guían los pasos de muchos buscadores en el Sendero del Despertar. "Un ladrillo de Luz en el Templo de la Vida plena"

Francisco Redondo
Autor de *La luz diamantina,* organizador de las meditaciones grupales de servicio de Plenilunio para el planeta y Curso de Raja Yoga.

"Cuando una persona accede al Espacio Akáshico, lo que hace en realidad es aumentar su estado de conciencia. Y desde ese estado elevado, comienza a vislumbrar a su alrededor el Amor, la Verdad y la Belleza del mundo que le rodea, y que todo lo que veía con anterioridad era una mera sombra de la realidad."

Diana Solaz
Instructora de los Registros Akáshicos, Maestría de Reiki y muchas más terapias dentro del crecimiento personal.

"La primera vez que conocí a Geno, pude observar una mujer con un entusiasmo contagioso, alegre, muy dinámica y a pesar de que mis cursos no son espirituales, ella siempre demostraba y cada vez más, una espiritualidad muy fuerte.

Un alma con un deseo ardiente de evolucionar y con muchas ganas de compartir sus experiencias con los demás.

Te felicito sinceramente, Geno, por la progresión continua que estás mostrando, por ser tan multidisciplinar, por tu sonrisa, por tus abrazos, por ser tan TÚ y por tu forma de sentir esta maravillosa aventura que llamamos Vida."

Toni Pons

TESTIMONIOS DE MIS COMPAÑEROS DE RUTA DEL BEST SELLER 2018 CON LAIN GARCÍA CALVO

"Libro que te invita a hondar en el mundo espiritual, haciéndote ver que no estás solo, que estás más acompañado de lo que puedes imaginar, te hace conectar con tu parte más espiritual y transforma tu visión de ver las cosas."

Eila Rubio Romero
Autora de *Ven conecta* para el libro: *Diálogo con tus Guías, tus Maestros y tus Seres queridos, Los Registros Akáshicos y el Mundo Angélico*.

"El libro *Diálogo con tus Guías, tus Maestros y tus Seres queridos. Los Registros Akáshicos y el Mundo Angélico* me ha ayudado a conectar más con el Mundo Espiritual y recordarme que nunca estamos sol@s. La sabia Geneviève me ha hecho conectar con el Propósito de Mi Vida y de la importancia de que estoy aquí para "algo". Gracias, Gracias, Gracias, compañera, por Sanarme con Tus Palabras…"

Ana Gordillo
Autora de *Querida tristeza*

"DIÁLOGO CON TUS GUÍAS, TUS MAESTROS Y TUS SERES QUERIDOS. LOS REGISTROS AKÁSHICOS Y EL MUNDO ANGÉLICO es una obra espiritual espectacular, que te transmite la evolución de la autora bajo sus experiencias, trasmitiendo que nunca estás sol@, ya que tus Guías y Maestros te acompañan durante todo tu crecimiento y tu vida. Una obra clara, íntegra y que realmente aporta luz y claridad a nuestras vidas, para saber que podemos conseguir todos nuestros sueños y propósitos. La autora consigue transmitir todos sus conocimientos de forma clara, y mantener tu atención constante a un tema tan apasionante como es de nuestros maestros, que no dejará indiferente a nadie. Mil gracias, Geno."

Borja Montés Llopis
Autor de la trilogía *A través de sus pequeños ojos*

"Preciosa lectura donde su autora narra cómo su vida cambió y la tuya puede cambiar también al descubrir que nunca estás solo/a, tus Guías, Maestros y Seres Queridos te acompañan siempre. Una experiencia tremendamente sanadora. Gracias, Geno, por este rayo de luz y claridad para nuestra vida."

Rocío Sánchez García
Autora de *¿Quién es la Otra?*

"¿Quieres descubrir cómo se siente el cielo aquí en la tierra? Entonces tienes que leer *Diálogo con tus Guías, Maestros y Seres queridos*. Un libro con mucha información muy interesante de otros mundos. Para mí, cada página fue ir conectando cada vez más con mi verdadera esencia divina. ¡Gracias, Geneviève, por bajar tanto conocimiento para todos!".

Andrea Aranguiz Costa
Autora del libro *El Juego de la Transformación Interior*

"Un viaje fascinante al mundo espiritual, a la conexión con los Seres de luz que nos acompañan. Este fantástico libro me transporta y me vuelve a reconectar con ese maravilloso renacer. Como canalizadora a través de los Guías espirituales, este libro me ha llevado a tener una visión más clara y a conocer mejor los Maestros que nos enseñan desde otros planos a llevar una vida plena. Gracias, Geneviève, por introducirme más a este mundo mágico".

Nuria Sala Bergillos
Autora del libro *Tu Don, el poder de sanar tu vida*.

"Tengo la suerte no solo de leer este libro *DIÁLOGO CON TUS GUÍAS, MAESTROS Y SERES QUERIDOS* si no de ser AMIGA de este gran ser y compartir con ella algunas experiencias que narra en su libro, para mí ella ha sido y es una de mis maestras en el área espiritual gracias a nuestro acuerdo de almas.

Geno, "HERMANA DE LUZ" gracias infinitas por tu gran misión y acompañarnos a dejar un mundo mejor."

Carolina Rodrigo Fuentes
Autora del libro *PIENSA, VENDE, AMA*

"En este libro descubrirás que no estás solo/a en este mundo. En mi caso, yo no conocía nada del tema de los Registros Akáshicos y la autora lo explica de una manera muy sencilla. Gracias por esta obra, muy recomendable."

Dra. Carina Povarchik
Autora de *Donde todo comienza*, trilogía *DAR*.

"Geno, te encontré en las páginas de este increíble libro *DIÁLOGO CON TUS GUÍAS, TUS MAESTROS Y TUS SERES QUERIDOS*, explicas con mucha claridad en tu libro que pase lo que pase nunca estamos solos, que siempre tenemos un equipo (guías, maestros, seres queridos) que nos acompaña sea donde sea. Es un libro maravilloso, explicas muy bien las parte de los Registros Akáshicos, ¡recomiendo a toda persona, que quiera conectar de forma maravillosa con su equipo!"

Claudia Elizabeth Garcete
Autora del libro *Los secretos de mi mundo*.

"*Diálogo con tus Guías, tus Maestros y tus Seres queridos*, con este libro la autora Geneviève Nieto nos da una confesión a partir de su experiencia con sus guías espirituales, maestros terrenales, con el reiki y las meditaciones. Es un libro inspirador para que nunca te sientas solo/a en esta vida y evoluciones constantemente, te sanes y colabores con la Humanidad. Gracias de todo corazón, Geneviève Nieto, por tu contribución para el planeta."

Lic. Midalvis Velázquez iglesias
Profesora de Biología y autora de la trilogía *DASAMOR*.

"*Diálogo con tus Guías, tus Maestros y tus Seres queridos* es un libro muy espiritual, que nos enseña que nunca estamos solos, que tenemos un gran equipo de Seres de luz, sosteniéndonos y apoyándonos para nuestra evolución. Abrir los archivos de alma mediante los Registros Akáshicos es una de las grandes herramientas que Geneviève nos regala en esta maravillosa obra."

Vanesa Elizabeth Prado Cáceres
Autora de *Sanar a través de nuestros ancestros*.

"*Diálogo con tus Guías, tus Maestros y tus Seres queridos. Los Registros Akáshicos y el mundo angélico* es una obra que te enseña cómo conocer y manejar la energía que cada uno tiene y aprender a comunicarse en el lenguaje del Universo para comprender las Leyes que lo rigen y cómo conducirla y fluir con ello. Con una exquisita descripción su autora se desborda al aportar a sus lectores, lo mejor que encierra su propia experiencia. Gracias, gracias, gracias, Geneviève Nieto, por su sensibilidad que comparte en sus líneas."

Eva Lidia Prieto Valencia
Escritora, locutora, conferencista en México.
Autora del libro *No trabajo, soy Ama de casa.*

"Un excelente libro. La autora nos enseña que jamás estamos solos/as.

Tenemos Maestros, Guías que se comunican con nosotros.

Esta obra es necesaria para nuestra vida cotidiana para entender cómo funcionan las Leyes Universales.

Y cómo sanar nuestro interior con un equipo maestro,

cómo influenciar por medio de la meditación y sanar la tierra, una obra muy emocionante."

Gracias, Geneviève.

Gérard Brechet
Autor de la Trilogía *TÚ CREAS TU FUTURO.*

"En el libro *Diálogo con tus Guías, tus Maestros y tus Seres queridos,* Geneviève nos cuenta algo que muy pocas personas han hecho.

En ocasiones vivimos perdidos y nos sentimos solos cuando no es así, nuestros guías, maestros y seres queridos nos acompañan en nuestro día a día. Aprende a escucharlos mediante este apasionante libro.

Gracias por mostrarnos lo que muy pocos se han atrevido a hacer."

Ana Fernández Cervantes
Autora del libro *Soñador... Despierta*.

"El libro *Diálogo con tus Guías, tus Maestros y tus Seres queridos. Los Registros Akáshicos y el mundo angélico* te guía para saber que no estamos solos que nos amparan y protegen.

Te enseña a sanar a las personas y te enseña a conectar con nuestros guías, y así ver en tu vida cotidiana sentir que estás protegido y guiado. Gracias, Geno."

Ignasi Riera Ferrer
Autor de *Bienvenido a tu Libertad*.

"Un fantástico libro que te hará conectar con tus Maestros, con tu más maravilloso Ser. La autora inspiró con amor y carisma, enriqueciendo mi vida y transformándola para siempre. Gracias, gracias, gracias, Geneviève."

Jimena Rivas
Autora de *No son tus hijos*.

Geneviève Nieto: DIÁLOGO CON TU GUÍA, TUS MAESTROS Y TUS SERES QUERIDOS, LOS REGISTROS AKÁSHICOS Y EL MUNDO ANGÉLICO.

"¿Pensabas que estabas solo/a en esta vida con todos tus problemas y preocupaciones? Pues no es así. Este libro nos revela que en este viaje de vida tenemos muchos compañeros, un gran equipo que nos acompaña, nos guía y aconseja: seres queridos de esta u otras vidas, maestros, ángeles, nuestro guía. Cuando tomamos conciencia de esto y aprendemos a comunicarnos con nuestro equipo se nos abren multitud de puertas de sanación, alineados con nuestro poder personal. Gracias, Geneviève, por esta maravillosa aportación."

Nuria Quirós Roldán
Autora del libro *Cada día mejor -Transforma tu vida cambiando tus hábitos-*

"Siempre me ha interesado el tema de los Registros Akáshicos y gracias a este libro pude ver cuáles son realmente los beneficios y cómo nos puede ayudar esta técnica en nuestro crecimiento personal. Magnífico, Geneviève, gracias."

Radostin Ivanov Stanchev
Autor del libro *Cómo tomar Conciencia*.

"La autora nos lleva por el camino de nuestros guías espirituales para demostrar que no estamos solos. Llegan en el momento en el que debes trabajar un área en particular. Igualmente por medio de su libro, podemos ayudar a otras personas a sanar. Gracias, Geneviève, por ayudarnos a elevar nuestra energía por medio de ese canal mágico en comunicación con nuestro ser interior."

Luna Rosa. Autora de la trilogía:
1. *Mariposa de un capo, ¡Tejiendo Alas de Libertad!*
2. *¡Artista! Sé un Alíen exitoso en Europa.*
3. *Mi jefa es una perversa Narcisa. ¡Cómo liberarte!*

"Un libro muy especial en el que Geneviève nos hace tomar conciencia del hecho de no estar solos. Al otro lado de esta experiencia material, nuestros guías, protectores, seres queridos y maestros nos acompañan en nuestro proceso de crecimiento. Al mismo tiempo, nos ayudan a encontrar nuestra verdadera esencia y poder actuar en armonía con el Universo, contribuyendo a nuestra propia sanación y la del planeta. ¡Gracias!"

MªJosé Rosselló
Autora de *TU LIENZO EN BLANCO.*
El arte de encontrar tu esencia.

Diálogo con tus Guías, tus Maestros y tus Seres queridos. Los Registros Akáshicos y el mundo angélico.
"Jamás podemos decir "Yo no creo en los guías"... Geneviève nos introduce al mundo de los Maestros y acompañantes en esta vida terrenal para seguir evolucionando. La visión de ser colaborador con el planeta me ha abierto un conocimiento nuevo más allá de nuestras creencias. Sin duda, la autora lo expone de un modo cercano y con vibración musical."

Mely Relinque
Autora de la trilogía *Más allá de tu piel*
(Primer Libro *Vivir Vender Brillar*)

"Este es un maravilloso libro donde nuestra autora Geneviève nos lleva a través de su libro a conectar con nuestros seres que se han ido y deciden acompañar nuestro camino en la vida y en la evolución de nuestra Alma. *DIÁLOGO CON TUS GUÍAS TUS MAESTROS Y TUS SERES QUERIDOS. LOS REGISTROS AKÁSHICOS Y EL MUNDO ANGÉLICO* es un libro que todo el mundo debería leer para nuestro crecimiento y desarrollo espiritual. Sin duda es uno de los mejores libros que han llegado a mi vida.

Millones de gracias, Geneviève, por este maravilloso regalo."

Sol Jiménez
Autora de la trilogía *TU CAMBIO EMPIEZA HOY*

"Gracias, Gracias, Gracias, Geneviève Nieto, por tu revelación en esta maravillosa obra que es *DIÁLOGO CON TU GUÍA, TUS MAESTROS Y TUS SERES QUERIDOS*.... La manera en que expresas todo el despertar al conocimiento, de nuestros guías, nuestros maestros y seres queridos es muy clara. Cómo a través de los Registros Akáshicos, mundo angélico, meditaciones y demás prácticas conseguimos conectar con lo que habíamos acordado para la evolución de nuestra alma. Una de las partes que más me inspiró es en la que hablas de las meditaciones grupales para dar más luz al mundo."

Carmen Jesús Pérez Rivero

"En , Geneviève nos muestra un mundo mágico, para mí totalmente desconocido hasta ahora. Un libro que no te dejará indiferente."

Gemma Comas
Autora de *La magia que duerme en ti.*

"Muchas Gracias, Geneviève Nieto, por tu libro *Diálogo con tus Guías, tus Maestros y tus Seres queridos. Los Registros Akáshicos y el mundo angélico*. La autora me ha puesto el vello de punta y me ha llenado el Alma con su aprendizaje desde nuestros Guías un libro que recomiendo a todo el mundo para darse cuenta de que nunca estamos solos y lo bien acompañados que estamos, gracias, gracias, gracias por este aprendizaje impresionante."

Isa Penedo
Autora del Libro *Quédate con lo bueno y Sé Feliz*

"No estamos solos, nunca lo estuvimos y nunca lo estaremos. En este maravilloso libro, la autora nos acompaña en la comprensión y en la conexión con nuestros Guías Y Maestros. A través del trabajo en los diferentes reinos aprenderás a manifestar tu Voluntad en este plano terrenal. Gracias, Geneviève, por tan fabulosa obra."

Marc Tarragona Medina
AUTOR de *Respiración Consciente* y CREADOR del proceso R.I.P y del seminario VPA[2]

"Un libro apasionante donde la autora nos habla de los mundos sutiles, esos mundos que no podemos ver con ojos físicos, pero sí existen. Además leerlo te hará tomar conciencia que realmente no estamos solos, guías y maestros nos asisten continuamente.

¡Gracias, Geneviève!"

Ana Karina Saraceno Ferreiro
Autora de *Creo en la Magia y en el Amor*

"Aprenderás todo lo que requieres aprender de tus Guías, Maestros y Seres queridos que nos acompañan y nos ayudan. Todo lo que necesitas saber para sanarte y mejorar en todos los niveles a través de los Registros Akáshicos, tanto en tu vida como en la de los demás, está muy bien explicado en este libro."

Yésica Casado Aragoneses
Autora del libro *¡Qué bueno eres!*

Aquí una parte del grupo de Imparables del Best Seller 2018 de Lain García Calvo durante el evento de diciembre de 2018

AGRADECIMIENTOS INICIALES

Me siento muy agradecida, por encontrar en mi camino alguna que otra maravillosa persona, permitiendo que sea posible esta aventura, abriendo el camino espiritual deseado por mi alma.

Gracia a ti, Lain García Calvo por tu gran labor y misión por darnos la oportunidad de escribir nuestro primer Best Seller, que al escribirlo, es una verdadera obra de sanación y transformación que hacemos con nosotros mismos, y conscientes de que podemos ayudar a más Seres, a más Hermanos de Luz.

Gracias a ti, Tere, la mamá de Lain, por ser un maravilloso Ser lleno de generosidad y empatía, así como a Luis, su papá Luis.

Gracias a ti, Mar Almódovar, que tanto nos enseñaste con amor y ternura y me enseñaste el camino del mundo angélico.

Gracias a ti, Francisco Redondo, por tus conocimientos y sabiduría, por tu enseñanza de la ciencia de la Meditación y de Raja Yoga, del Yoga Nidra, y más talleres, de metafísica y ciencia cuántica... por tus talleres de Psicosofía y muchos más.

Gracias a ti, Diana Solaz, por tu enseñanza, sabiduría y generosidad, por los Registros Akáshicos, la Maestría de Reiki, otras técnicas japonesas y mucho más, por tu inmensa entrega, por todo ello que ha cambiado mi día a día.

Gracias a ti, Toni Pons, por tu gran misión al guiarnos a través de las meditaciones y de la hipnosis, por tu gran generosidad y empatía.

Gracias a vosotros, Toni Eustaquio, José Castaño por vuestra ayuda en cuanto a los temas de geopatía.

Gracias a Marisol Ramos por tus conocimientos y sabiduría en cuanto al método del Doctor Yuen.

Gracias a ti, Clania, por las clases fantásticas de Yoga terapéutico, Yin yoga y Hatha yoga, por el inmenso aprecio y cariño que siento en lo más hondo.

Gracias a todo el equipo de instructores de Forus Rambleta, con quienes sigo las actividades de baile de Sh'Bam y Zumba, que me encantan, y más actividades para salir de mi zona de confort como Body Pump, Body Combat, Body Attack...

Gracias a ti, Tania Centeno, por nuestra gran Amistad, por hacerme descubrir lo que puedo hacer con mi voz, y tu gran ayuda como *coach* emocional y a nivel financiero.

Gracias a ti, Carlos Mansa, por nuestra colaboración en nuestro proyecto *Baila para ti,* la segunda canción y por todo los que están en camino.

Gracias a vosotros, Pau Rius y Ángel López, por vuestra forma de ser entrañable y gran profesionalidad, gracias, gracias, gracias, por el fantástico videoclip, mi primero de *Baila para ti,* así como el segundo, aún en la espera de que nos digan algo, confiando en el proceso....

Gracias a ti, Kike Madrid Soler, por todo el proceso muy bonito que nuestros equipos respectivos ha permitido que viviéramos en todo el proceso de sanación, como un reflejo viéndolo desde la plena conciencia.

Gracias a ti, Miguel Ángel Beltrán, y a ti, Valeriano Martínez, por nuestras vivencias, enseñanzas y aprendizajes en esta vida y por vuestra Amistad.

Gracias a ti, Maite / May Aparicio, por nuestra gran Amistad, por el valor de una Hermana por decirme las cosas que tocaban desde el Amor, el cariño por lo muy difícil que era para las dos.

Gracias a ti, Carolina Rodrigo, por nuestra gran Amistad y nuestro reencuentro en este preciso momento de nuestras vidas, compartiendo tanto dentro de nuestro camino, retos y desafíos con esta gran aventura del Best Seller y ayudándonos mutuamente en el proceso, gracias, gracias, gracias, Hermana de Luz...

Gracias a vosotros, Rosana, Fernando, Mariam, Freddy, Oscar por todo lo compartido, para recordar lo valiosa que es nuestra Amistad.

Gracias gracias gracias Violeta, Vicenta por hacer que se materializara mi deseo al ir a agradecer a la Virgen de los Desamparados, a la Madre durante estas Fallas 2019, era un deseo muy hondo de profunda gratitud y alegría.

Gracias a ti, Cristián Abratte por toda tu enseñanza en el Club de Riqueza sobre cómo conseguir nuestra libertad financiera, con realmente este concepto fundamental de que no trabajamos para ganar dinero, sino que el dinero trabaje para nosotros, principios de Robert Kyiosaki en su libro *Padre rico, Padre pobre*.

Gracias a ti, Juan Planes, por tu ayuda en *Desatar nuestro tipoder*.

Gracias a ti, Sara Guirado, y a ti, Noemi Fernández, con mi conexión a través del baile, con la Danza oriental en este caso conmigo misma y entender mejor aspectos de mí misma y del baile, vinculado con la bailarina Azra que fui en otra vida, amarte plenamente.

Gracias a Rocío Juárez por este gran aprecio y cariño que nos une y el maravilloso Ser de Luz entregado a los demás y muy profesional, gracias, gracias, gracias por lo compartido en Zumba y Body pump y toda la técnica que me has enseñado en elíptica.

Gracias a ti, Amparo, por este magnífico regalo que me hiciste al regalarme *La práctica de las Llamas*.

Gracias a mis compañeros de trabajo, a todas estas personas que forman parte de mi vida.

Y a todas estas personas que no se encuentran por casualidad, siendo todo pura sincronicidad.

Gracias a mis queridos Guías, Maestros y Seres queridos.

Gracias a mi Maestro Ismael que se ha presentado a mí durante todo el proceso de sanación a través de la trilogía del Best Seller, y al Maestro Saint- Germain con toda la enseñanza de *la práctica de las llamas*.

Gracias a los Arcángeles, Ángeles siempre muy cercanos a nosotros.

Este libro es una invitación a la imaginación y creatividad, a unas reflexiones que cobran vida, a alguna que otra rima.

Que al oído alegre sea.

Es la esencia misma de lo que uno por dentro lleva, y poco a poco lo expresa.

Ahora a disfrutar de estos momentos de lectura y apreciar lo que ofrece cada línea.

Mi propósito es compartir mi experiencia y vivencia, mi camino hacia la Paz, la Luz, el Amor, La Voluntad, la Serenidad a través de la escritura.

Todo el proceso vivido a través de la escritura de esta trilogía del Best Seller de Lain García Calvo es un verdadero camino de hacerte consciente de todo el trabajo de sanación que nos toca hacer a nivel emocional, psíquico, del control de la mente al recuperar las riendas y no dejarse llevar por la personalidad, el ego, el yo inferior, quien obedece a un sistema de programación, de creencias que crees tuyas y no lo son, sin olvidar de cuidar de nuestro cuerpo físico y de la parte espiritual con la conexión con nuestra alma, nuestra conciencia, disfrutando de cada instante Aquí y Ahora, siendo el único momento en que se puede expresar nuestra verdadera esencia, nuestro verdadero Yo o Ser superior.

Si tuviera que resumir en pocas palabras todo lo que voy contando en estos tres libros y que para ti espero que te ayuden en tu propio proceso, porque cada uno de nosotros lleva el suyo, pero al fin y al cabo por lo que se refiere a las emociones por sanar y al control de la mente, ahí todo tenemos que entender que estamos todos unidos, no hay separación, somos Uno con el Universo, con Dios, con la Fuente divina, esta Energía superior que llevamos todos en lo más hondo de nosotros y de la que nos hemos olvidado, para ello hay que empezar a quitar capas, una por una, cada una de ellas trae sentimientos, emociones, que tocan sanar, más allá de esta simple mirada que depositamos en nosotros mismos y que se quedan a un nivel inferior por miedos, no se quiere ir más allá, pero para sanar no te puedes saltar el proceso, recordando poco a poco quiénes somos y el potencial ilimitado que tenemos todos, insistiendo en este "Todos", porque "Yo soy Tú y Tú eres Yo, somos Uno con el Universo", "como un reflejo" y ahí reside el Amor, nuestro amor incondicional al mirar al Otro como a ti mismo.

Y qué ha pasado... La verdad nos hemos alejado de la Fuente, de Dios, del Universo, de esta Energía superior como quieras llamarlo. Hemos ido errando, olvidándonos del propósito por el cual habíamos venido. Como Seres espirituales que somos todos, hemos venido a vivir una experiencia humana, con todo lo que esto implica a nivel emocional, psíquico, mental, espiritual y físico. Y desde el estado de conciencia en el que nos encontrábamos vida tras vida, hemos ido evolucionando y seguimos evolucionando, comprendiendo mejor lo que va a tocar sanar.

Con esta plena conciencia llegaremos a construir a lo largo de esta Era de Acuario entre todos un mundo mejor, de Voluntad, de Paz, de Luz, de Armonía, de Amor... y todo lo comentado a lo largo de estas líneas me va a llevar hacia mi propósito de vida, mi misión, el por qué mi alma ha venido aquí, para seguir evolucionando, creciendo e ir madurando, y sí ahora hablo de mí, recuerda que si Yo soy Tú y Tú eres Yo, por lo tanto hablo de Ti y de tu Propósito también, para que a través de lo aprendido, acordado, recordado, también puedas ayudar a otros Seres, Hermanos nuestros...

Si estás leyendo estas líneas, es que Tú también estás buscando tu Verdad, recuerda que eres la Verdad, porque no hay separación, ni tampoco con Dios, con el Universo como quieras llamarlo, ni tampoco entre nosotros, la Humanidad y todo lo que pertenece al Universo, al Cosmos, debemos recordar todo ello dentro de nuestro proceso y nivel de conciencia para que haya más luz, más comprensión en tu vida, que entiendas lo que te está pasando, y poder ir caminando hacia Tu Propósito y luego será tu turno para ayudar a otros Hermanos, como una gran cadena humana, que como lo voy evocando en *Baila para ti,* mi primer single, como un gran mensaje universal del que nos hemos olvidado, el del Amor incondicional, de la Unidad entre nosotros, que nos está recordado gracias a las energías de Síntesis que nos llegan a la Tierra de nuestros Hermanos Mayores para que también tomemos conciencia de nuestra colaboración estrecha con ellos, y recordar así que no hay separación, me repito... sino Unidad, con una colaboración estrecha con los Maestros, este camino que también nos lleva hacia el hecho de ocupar nosotros también este cargo de Maestro cuando sea el momento y seguir ayudando a la construcción de este Reino Espiritual en la evolución del planeta Tierra, dentro del Plan divino.

Y a continuación antes de empezar me gustaría agradecer, a nivel terrenal, a todos nuestros Hermanos como yo encarnados, cada uno de ellos con un papel determinado para la evolución de mi alma y la de mis Hermanos, cumpliendo también con el plan divino del que somos todos actores, cada uno un papel bien definido antes de venir con nuestros acuerdos de Almas, en colaboración con el mundo del Quinto Reino, que es de los Maestros, del mundo angélico, de los Registros Akáshicos. Así que empezaré por los agradecimientos a todos mis hermanos que han decidido venir en este preciso momento de transición de la Era precedente que era la Era de Piscis con el Maestro Jesús para ir viviendo y construyendo juntos, y esta nueva Era, la de Acuario en la que estamos que es la Era del Maestro Maitreya.

Y recuerda que aunque hable en primera persona, eso también te interpela porque "Yo soy Tú y Tú eres Yo, y somos Uno con el Universo, como un reflejo".

A continuación las fotos de los Seres que han contribuido en este Plano Terrenal a mi Despertar...

Lain García Calvo

Francisco Redondo

Diana Solaz

Toni Pons

Ana Centeno

Clania

Carolina Rodrigo,
gran amiga y compañera de ruta en esta gran aventura del Best Seller.

Por lo que se refiere a mi colaboración con el Quinto Reino, con los Registros Akáshicos, los Maestros de Sabiduría, el Mundo Angélico con los Arcángeles y los Ángeles...

El Maestro Ismael, que es el Maestro que ha venido precisamente en mi vida ahora y aquí en las fotos cuando estuvo encarnado para dejar un legado a la Humanidad, vivió desde 1920 hasta 1970.

Existe un escrito de unas 10 páginas que se puede encontrar en Internet y que se titula *Las Leyes de Dios de nuevo en la Tierra: Justicia, Amor y Paz.*

file:///C:/Users/Geno/Downloads/ISMAEL%20GAR-
ZON%20TRIANA-%20MAESTRO%20DE%20LA%20
JUSTICIA,%20EL%20AMOR%20Y%20LA%20PAZ-%20
29%20DE%20AGOSTO-%20RECORD

De hecho, al escribir este *link* de acceso, aparece al principio Geno, mi nombre como se me conoce aquí en España - lo cojo como un pequeño guiño del Universo - donde resido para que se pueda entender mejor esta colaboración con el Quinto Reino y la misión que vino a hacer este Maestro, cuando estuvo encarnado, dado que este link comenta su vida y su propósito, que a través de mi propósito de vida y misión, entiendo que debo seguir como mensajera de Justicia, Amor y Paz en el mundo, a través de la escritura, de los libros, aquí esta Trilogía y de la letra de las canciones y de la música, recordando nuestra colaboración con el Quinto Reino, los Maestros Ascendidos, Los Registros Akáshicos en cuanto a nuestros Guías, Maestros y Seres queridos y el Mundo angélico. Simplemente recordar que nunca estamos solos, siempre nos guían y nos acompañan y te darás cuenta si les prestas atención. Ahí está...

Para entender mejor todo lo que me va guiando el Maestro Ismael en estas líneas, me comenta poner a continuación un extracto de este escrito de 10 páginas, extraído del link.

Y así al leer estas líneas, vas a entender mejor el propósito de esta trilogía.

"El Maestro Ismael Garzón Triana puso al alcance de todos el conocimiento del REINO DE LOS CIELOS, DE LA INMORTALIDAD Y DEL PADRE COMÚN Y LA LEY DEL PERDÓN. Éstos eran los conocimientos que los llamados INICIADOS, adeptos, Pontífices, Padres de la Iglesia, sabios, druidas, magos no entregaban sino con prudencia y con avaricia y así impedían que el ser humano las conociera. EL MAESTRO ISMAEL, divulgaba estos conocimientos a los seres que no sabían nada de sus destinos y esperaban, en la incertidumbre y el sufrimiento, la palabra nueva que debía consolarlos y reconfortarlos, dando acceso a la vida eterna, a la vida de las almas regeneradas, mediante la limpieza de las secuelas del Pasado, por medio de su Enseñanza, del reconcilio de espíritus encarnados con espíritus desencarnados y también con los encarnados, pero por medio de la verdadera confesión, en la cual el confesor solo es un vehículo preparado para recibir el espíritu, quien viene a dar el perdón, o a pedir perdón, porque ese confe-

sor está facultado para ello. Es la limpieza del espíritu, sin la cual no puede salir de la rueda reencarnacioncita."

"Hay que nacer de nuevo" lo decía el Maestro JESÚS a Nicodemo.

Es la Enseñanza del Maestro Ismael por medio de la cual los seres humanos aprenden a encontrar su elevación y su felicidad, no en las cualidades brillantes del intelectual, del científico, del comerciante, del político sino en las virtudes ocultas: la humildad, la caridad, la igualdad."

Entiendes por dónde te va a llevar este primer libro, en el sentido de que has de dejar de ver las cosas con lo que tú crees que es tu realidad, y debes verlo todo desde otra perspectiva, vivirlo y sentirlo de otra manera y entonces todo alrededor tuyo cambia, porque tú has cambiado tu percepción desde dentro. Si cambias el enfoque, lo cambias todo.

Como bien lo explica el Maestro Ismael, para conseguir la elevación o la felicidad, no lo vas a lograr por el cargo que ocupas en la sociedad, sino por un trabajo interior contigo mismo/a a partir de unos valores muy nobles.

Seguimos con este escrito...

3.- EL EMBLEMA DE LA ENSEÑANZA

Es LEY UNIVERSAL. "El Mensaje de Justicia, Amor y Paz lo trae en su pico la paloma radiante para entregárselo al corazón de los humanos y recordarles que cada ser es una partícula de Dios. Esto lo han olvidado dejándose llevar por su Libre Albedrio y por su mente corporal, que los orienta hacia las atracciones del terrestre, alejándose del Plan Divino del Padre Supremo que les indica el camino de la evolución espiritual, no de la involución. Justicia, Amor y Paz."

4.- ENSENANZA DEL MAESTRO ISMAEL GARZON TRIANA. SUS MENSAJES:

La enseñanza espiritual consiste en las comunicaciones o sea la palabra de Dios por intermedio de los Mensajeros de la Luz así todas las entidades de Luz actuaran como Mensajeros del Supremo.

Si el corazón si lo entregas a la Altura con amor será recibido pero si lo entregas a las fuerzas involutivas de lo corporal, ellas se lo comerán y el espíritu no se podrá limpiar y no podrá evolucionar"

"El espíritu es la partícula de Dios y se coloca en el corazón de cada criatura. Por lo regular, el ser humano lleva tres espíritus divididos en la siguiente forma:

- *El que va en el corazón es el legítimo que nos moviliza y es responsable de los hechos;*
- *los otros dos son: EL GUÍA que es llamado ÁNGEL DE LA GUARDA y*
- *el tercero es el ESPÍRITU OBSCESOR, quien conduce a las atracciones de la tierra, al mal, a las fuerzas bajas.*

EL MAESTRO ISMAEL GARZON TRIANA ENSEÑA: "LA LEY DEL PERDÓN O RECONCILIO ANTE UN TRIBUNAL DE DIOS ENTRE UN ESPÍRITU ENCARNADO Y UN DESENCARNADO, ES LA LIMPIEZA DEL ESPÍRITU PARA PODER EVOLUCIONAR Y CANCELAR DEUDAS O KARMAS" EL MAESTRO ISMAEL ENSEÑA QUE ES NECESARIO EL ACTO DE HUMILDAD EN EL CUAL EL SER ENCARNADO PIDA PERDÓN AL ESPÍRITU QUE OFENDIÓ O HIZO DAÑO EN LAS VIDAS PASADAS. SE DA EL PERDÓN DE AMBAS PARTES Y SE INVITA A UN RAYO DE LUZ A ESOS ESPÍRITUS LOS DOMINGOS.

4.1.- EL MAESTRO ISMAEL GARZON TRIANA, MENSAJERO DE DIOS EN EL TERRESTRE.

Los profetas de Israel fueron médiums o mensajeros de Dios inspirados, ensenándonos que la historia de Israel es el más hermoso poema, la epopeya espiritualista por excelencia.

El Maestro Ismael dejó su enseñanza para preparar estos nuevos mensajeros de Dios en el terrestre y fue común ver cómo reunía sus discípulos para prepararlos para la manifestación espiritual que debía realizarse por medio de ellos.

Hoy se comunica permanentemente con sus seguidores ya colocados al servicio del Supremo y servicio de la humanidad."

A raíz de lo que se acaba de plasmar en estas líneas es lo que me ha pedido el Maestro Ismael, con este maravilloso mensaje de Justicia, Paz y Amor a través de mi segunda canción que aún en estas líneas de este primer libro no puedo revelar, hasta que salga a la luz dentro de muy poco como un gran y magnífico mensaje de Justicia, de Paz y Amor para la Humanidad.

Hoy precisamente domingo 30 de diciembre de 2018, momento en que estoy repasando el primer libro de la trilogía y que el maestro Ismael me está guiando, he notado sentada en la silla, como me pasó en la cama, esta experiencia que evoco en el tercer libro dentro de mi proceso evolutivo.

Solo expreso mi profunda Gratitud y desde el nivel de conciencia en el que me encuentro en estos precisos momentos, contribuir entre todos a un mundo mejor, de Paz, Luz y Amor.

También mi gratitud infinita por la formación que recibí de Diana Solaz, mi instructora de los Registros Akáshicos que cambió literalmente mi vida, con la Maestría de Reiki y otros Talleres y Formación que hicimos juntas. Es un apoyo y al colaborar con ellos, también ayudas a otros Seres que pueden solicitar tu ayuda, siempre con su permiso.

Me vas a decir: pero no tengo esta formación, no puedo hacerlo, entonces voy a dejar de leer este libro. Pues no, al revés, es cuando todo cambia… Sí que puedes, porque si estás leyendo estas líneas, es que vas por buen camino, no te has equivocado para nada, así que muy bien, te felicito…, y debes felicitarte más en tu día a día, hemos olvidado felicitarnos. No debemos juzgarnos, no debemos juzgar a los demás porque simplemente si juzgamos es tarea más fácil, y por lo tanto la más difícil es la correcta. No pasa absolutamente nada que no tengas la formación, en estos momentos de profundos cambios, todo es posible y cada uno de nosotros nos podemos comunicar perfectamente con nuestros Guías, mediante la mente, por telepatía si te permites aquietar la mente y escuchar, entonces podrás oír y entender.

LOS REGISTROS AKÁSHICOS

LOS MAESTROS ASCENDIDOS O LOS
MAESTROS DE SABIDURÍA

LOS SIETE ARCÁNGELES

JERARQUÍA DE LOS ÁNGELES

Para volver al tema y propósito de este libro, que seguro te va a ayudar en tu proceso de liberación y camino hacia la felicidad, porque es la Voluntad de nuestro Padre, del plan divino, del Universo, de esta Fuerza Superior, así si tienes dificultades económicas y no entiendes por qué las Puertas de la Abundancia y de la Prosperidad te siguen cerradas en este preciso momento, por lo tanto estás leyendo el libro que te puede ayudar a entender lo que no ves de momento y ayudarte a ver con otros ojos que los que creemos que solo tenemos, me refiero a abrir también los ojos de la Fe, de la Sabiduría, del Discernimiento, de la Claridad, de la Clarividencia.

Si dentro de tu sistema de creencias, no crees en la jerarquía de los Ángeles, Arcángeles, Maestros, etc... vas a pensar, bueno este libro no es para mí; pues te equivocas; no se puede prescindir del mundo invisible, y tampoco se puede prescindir del mundo terrenal, material en el que vivimos.

Tampoco puedes caer en los extremos, es decir más hacia un lado o hacia el otro. Debes equilibrar lo que es la parte espiritual y la parte terrenal. El objetivo es encontrar este equilibrio.

El peligro que existe y aquí puedo evocarlo por haber pasado por ello, es que estés muy arriba en lo espiritual, poniendo en el segundo plano todo lo que se refiere al mundo terrenal, el que has venido a trabajar aquí, como Ser espiritual que eres, estás aquí viviendo una experiencia humana, y aquí precisamente es este caso que voy a tratar y que es la gran dificultad de muchos Seres a conseguir la Abundancia, la Prosperidad, por no recordar quiénes somos todos, por haberse alejado de Dios, del Universo, se han cerrado las Puertas de la Abundancia al no reconocer la divinidad que cada uno de nosotros somos y caer en las trampas del yo inferior, de lo que el Maestro Ismael llama en su mensaje el espíritu obscesor, que arrastra a la Humanidad a cometer actos que no les pertenecen mediante pensamientos de baja vibración, olvidándose de su verdadera esencia.

¿Cómo hace que uno se haya alejado de su divinidad? Todo eso forma parte de un sistema de creencias en el que la familia, la sociedad en la que nos hemos criado, nos han educado, es todo un colectivo y de ahí se alimentan de nuestros pensamientos de baja vibración los egregores negativos. Pero poco a poco desde la conciencia, la ayuda del Quinto Reino con las energías de síntesis que nos están llegando, provocando verdaderas crisis interiores que hace que el Ser entre en conflicto mente / alma, llevándole a hacerse las verdaderas preguntas, sobre quién soy realmente, ¿por qué estoy aquí, qué he venido a hacer y cuál es mi misión aquí?

Entonces se ha dado un gran paso para recordar, sencillamente recordar poco a poco quiénes somos de verdad. Ahora siendo realista no es un trabajo que se consigue de un día para otro, es todo un trabajo interior y hay que ir saneando una por una estas emociones que son de baja vibración y que a veces nos arrastran de manera completamente irracional, como las que vienen indicadas en la lista a continuación.

Así con Fuerza de voluntad, lo primero es entender estas primeras líneas que te llegan, no rechazarlas, porque es lo primero que te va a hacer llegar la mente, viniendo de tu Yo inferior; segundo, la Voluntad para seguir leyendo y la apertura mental y comprensión. El discernimiento, el entendimiento para ver que no hay separación ninguna, sino Unidad... Unidad entre Tú y esta Fuerza superior, Dios, el Universo, la Fuente, como quieras llamarla... Entonces es cuando hay claridad y entendimiento. Y que estamos Todos conectados Unos a Otros.

Así que dentro de mis acuerdos de Almas, igual que Tú, lo que he/has venido a trabajar, acordándolo con mi / tu Guía antes de llegar al planeta Tierra y determinar a los Seres que iban a ser mi / tu Familia – mi / tu madre y mi / tu padre - para superar esta prueba, los Seres que desempeñarán la parte Relaciones en cuanto a la pareja o parejas, los amigos, los compañeros de trabajos, relaciones, vivencias que creemos que son casuales, casualidades y son en realidad Seres con quienes tenemos un Acuerdo y ocurren sincronicidades, en el plano terrenal, circunstancias o situaciones que surgen dentro del proceso de superación y evolución, etc..., para hacer que evolucione mi / tu alma.

Así para volver al tema económico, en cuanto al miedo a la Carencia, a la Escasez, todo está relacionado con el tema económico y emocional con todas las emociones que esto puede implicar, así como el tema de creencias en el cual te has criado en esta vida, la sociedad, el colectivo, los pensamientos del colectivo... Y dentro de estas emociones que has de sanar, están vinculadas con hechos que te han pasado en esta vida en la infancia, adolescencia y que han sido asimiladas en el inconsciente como tuyo, del que te debes proteger, recuerda que la mente si no tomas tú el control, desde tu yo inferior, te lleva hacia la supervivencia, la protección, te quiere proteger, por encima de todo y de todos, llevándote a hacer actos que no son de tu Ser superior, te deja en la zona de confort que conoce muy bien, simplemente para protegerte...

El signo del zodíaco al que perteneces es un indicador de las características correspondiente a cada signo. Así nací el 25 de junio 1968, el 25 de junio sería el mes en que en tu vida anterior dejaste este plano y lo que se refiere al año de nacimiento, tiene que ver con la sociedad de la época de tu fecha de nacimiento y ahí dentro del vientre y de los acontecimientos del momento, también influye lo que ha podido vivir. Y el signo de cáncer vinculado con el agua es el mundo de las emociones, también influyen el ascendente y de cómo todo se vivió en aquel entonces.

Por ejemplo, nací en 1968 en Francia, era un momento de agitaciones sociales, estudiantiles de la época, de cambios, de un malestar de la sociedad de aquella época, en la que reinaba un miedo al porvenir, la inseguridad que se vivió en casa de mis padres por la situación, problemas económicos y el clima social también. Sé que me entiendes acerca de lo que te quiero explicar, si quieres saber más al respecto, te tocará como buen/a buscador/a investigar, para entender mejor las inquietudes o no de tus padres en el momento de gestación, también se ha de tomar en cuenta dentro del proceso y también antes, con todo el bagaje con el cual vienes a trabajar aquí en el planeta Tierra.

Por ejemplo, dentro de mi proceso, igual que del tuyo, se determinó antes de nacer, antes de venir al planeta Tierra, antes del período de gestación con nuestro Guía, qué familia iba a escoger para trabajar una serie de circunstancias, que de ellas determinan ciertas emociones por identificar y sanar.

Así te puedes preguntar, ahora bien qué me va a aportar este libro que estoy leyendo, su caso no es el mío, sin embargo, recuerda que puedes sentirte identificado/a con las emociones, pero ahí está, cualquier libro de crecimiento personal te puede ayudar a entender mejor el proceso, lo que está pasando en lo que se refiere a tus circunstancias…, pero no te quita todo el trabajo personal que te va a tocar hacer para sanar completamente, expresar quien eres realmente, lo que has venido a hacer y dar paso a tu gran misión o propósito de vida y poder ayudar tú también a otros Seres a partir de tu propia vivencia y experiencia.

Solo quiero aquí recordar el propósito de este libro que es a través de un trabajo de equipo, muy característico de la Era de Acuario de una colaboración estrecha con tus Guías, tus Maestros y tus Seres queridos para un mayor entendimiento de quien eres de verdad, ver todo tu potencial, lo que has venido a hacer aquí, de tu propósito dentro de un Bien común para la Humanidad dentro del Plan divino. Me vas a decir… Tantas cosas, pues es lo que hay… y la verdad, son necesarias unas profundas respiraciones, que

te ayudarán a calmar tu sistema nervioso para cualquier circunstancia, estados de angustia, estrés que te desconecte de tu estado natural de tranquilidad, de serenidad, de armonía, de paz que somos desde nuestra verdadera esencia, desde nuestro verdadero Yo, nuestro Yo Superior.
¿Cuáles son las cualidades de las que te has de armar? Por decirlo de alguna manera con un toque irónico, pero real, no estoy aquí escribiendo para decirte que todo es fácil, que el camino abierto delante de ti es un camino de rosas, pues no, no lo es, estamos hablando de sanar, de limpiar actos del pasado que siguen teniendo consecuencias en el momento presente, en tu vida de adulto y de los que te cuesta liberarte, así es verdad... de esta vida y/o de vidas pasadas que no se han podido superar en dicho momento y todo eso según desde qué nivel de conciencia te encuentras para comprender, entender todo lo que está pasando y querer ver y enfrentarte a los miedos, limitaciones, frenos que te bloquean, te paralizan y no pertenecen a tu verdadera esencia, a tu Ser superior, sino a la personalidad, al ego como se llama a nivel espiritual, al yo inferior que no quiere dejar el control y quiere controlarlo todo.

Ahora entiendes mejor, hacia todo eso se va a orientar, así las cualidades que se han de desarrollar son:

- Conciencia.
- Fuerza de Voluntad.
- Perseverancia, Constancia.
- Templanza, Paciencia.
- Integridad, Compromiso, Honestidad.
- Valor, Coraje.
- Claridad, Discernimiento.
- Serenidad.
- Disciplina, Organización, Gestión.

- Confianza en ti, Seguridad.
- Acción, no cae nada del Cielo.
- Fe en el proceso.

Si fallas en una o varias de las que vienen mencionadas, te toca empezar a trabajar seriamente por ahí, de qué manera lo iremos viendo. Seguro que te va a resonar una que otra emoción.

Por mi parte me ha tocado sanar, lo que viene a continuación y lo que voy a ir evocando a lo largo de la trilogía:

- La inseguridad, la falta de confianza, la inferioridad.
- El abandono, la soledad.
- La integridad, el compromiso.
- La falta de Fuerza de Voluntad.
- La Culpa, la Vergüenza, las Preocupaciones
- El Pedir cuando no se tiene, sin consideración, repitiendo un patrón heredado con un miedo irracional a la carencia, a la escasez, teniendo una seguridad laboral (funcionaria).
- Un Miedo irracional a la carencia, a la escasez, un miedo a llevar las responsabilidades de gestión de la vida cotidiana
- La falta de empatía.
- La falta de humildad.
- El no respetarse a sí mismo y a los demás.
- La precipitación, la impaciencia.
- La susceptibilidad, el sentirse atacado/a.
- La sensibilidad si te hace sentir inferior.
- Los celos, que van con la inseguridad, la falta de confianza en sí, el no amarse, no valorarse...

- El no valorarme, no amarme.
- El no valorar el dinero.
- El egoísmo, no pensar en un bien común, sino a una satisfacción personal.
- El miedo a fracasar.

Seguro que aquí ya te van resonando emociones que ves en ti.

Y sigo trabajando cada día conmigo, identificando la emoción que me llega y tomo conciencia de que no soy esta emoción, no pertenece a mi Yo Superior sino a mi Yo inferior, no me corresponde, se ha de sanar, trabajar..., si es de alegría, felicidad, está claro que la expresión que voy a sentir será la gratitud por vivir este estado de felicidad, pero también expresaré gratitud por sentir emociones negativas, porque a partir de mi nivel de conciencia en el que me encuentro en este preciso momento de mi vida, voy a poder empezar a sanarla. Y me felicito por ello, por lo logrado, lo conseguido, una palmadita como muchas veces se lo recuerdo a mis alumnos cuando hacen algo que está bien en el aprendizaje del idioma francés.

Y es obvio que para todo este trabajo de sanación a partir de tu nivel de conciencia, has de ser observador/a de lo que te está pasando en tu interior, en el mundo de tus emociones, que tú no eres esas emociones, solo debes observarlas sin juzgarlas, sin criticarlas, solo observar, y cuando eres observador/a, en realidad tomas cierta distancia, te distancias de la situación vivida y es mucho más fácil verlo sin implicarse directamente, aunque más de una vez la mente, que tampoco eres la mente, ahí también debes tomar el control sobre ella, esta te va a impedir a que procedas a todo este trabajo interior de sanación, de introspección.

Y realmente cuando eres observado/a, significa que te anclas en el momento presente, que es este momento en que tu verdadera esencia, tu verdadero Yo puede expresarse, no en el pasado, mirando hacia atrás o hacia adelante, en el futuro, sino en el momento presente, Aquí y Ahora, y es cuando desde la observación, observando esta emoción, puedes llevar la atención y la intención sobre ella, y debería desaparecer, sin embargo, se centra tu energía de sanarla, ya empieza todo, haciendo en paralelo un trabajo de desengramar como lo llama Lain o de Recapitulaciones como lo llama Francisco, que es exactamente lo mismo.

Y como ilustración de lo del Observador/a, aquí la foto del gato en el tendero, observando también lo que pasaba alrededor suyo. Hubiera podido pasar sin ver este gato, precisamente en el momento en que pasaba a su altura, levanté la mirada y lo vi, porque simplemente al caminar por ahí estaba presente, Aquí y Ahora, y lo vi. Entiendes lo que te quiero dar a entender. Que si no estás en el momento presente, te pierdes muchísimas cosas. Como este gato, no parece un acontecimiento del otro mundo, pero está aquí en una situación inaudita y solo por verlo, te saca una sonrisa y te das cuenta de que estás Aquí y Ahora, me repito es cuando se puede expresar tu verdadera esencia.

Por lo que se refiere al tema económico y mi trabajo de sanación al respecto, tomando en cuenta muchas emociones y creencias muy ancladas en el subconsciente, por las resistencias de la mente, el trabajo ha requerido tiempo y paciencia, mucha paciencia. Debemos recordar que es una virtud porque todos queremos que las cosas se solucionen ya, cuanto antes, y la verdad es que todo necesita su tiempo, su proceso.

Todo empieza a partir de esta cita que siempre ha sido presente a lo largo de mi proceso, y es lo que he venido a trabajar con el conjunto de emociones que conlleva hasta mi liberación y que es la siguiente:

"Toda creencia de escasez es eliminada de mi mente, ya que reconozco en mí la divinidad de Dios como sustento de todas mis necesidades." Decreto de prosperidad.

Hasta que no tomes conciencia de que no hay separación ninguna sino Unidad, andas desconectado/a, perdido/a.

Y a través de todo mi proceso, verás que es en el tercer libro donde todo cobra sentido, esta frase que acabo de escribir y todo lo que he debido ir sanando y que voy contando en estos tres libros. No puedes saltarte etapas, si lo haces, no ganas nada, sino que te toca centrarte y pasar por todas las fases.

Mantra de la Riqueza en la tradición hindú: OM LAKSHMI VIGAN SHRI KAMALA DKHARIGAN SVAKHA

Que significa lo siguiente:

Lakshmi es la Diosa de la Buena Fortuna, Prosperidad, la Abundancia, la Belleza y la Buena Suerte.

Ofrece una sensación de coraje, de esperanza, de poder.

Te va a extrañar de repente este mantra aquí... Para mí son herramientas y lo pueden ser para ti también. Lo puedes repetir o cantar, encontrarás en Internet versiones cantadas del mantra.

Me he criado desde pequeña desde los conceptos de la religión cristiana, haciendo mi comunión, mi confirmación pero la verdad, siendo adulta nunca me he encerrado en ninguna religión, con una mente muy abierta. Me encanta la práctica de Raja Yoga Meditación, me siento como ciudadana del Universo, y me encanta cantar mantras que vienen de la tradición hindú y leer principios de la religión budista, al fin y al cabo como dijimos al principio de libro no hay separación sino Unidad, la Humanidad con dogmas, normas lo ha separado todo, pero con esta nueva Era, la de Acuario todo va a volver a su sitio, Unidad es lo más importante.

Resistencias sí que habrá, pero poco a poco con buena Voluntad y más Conciencia se irán transmutando...

Evocaré más adelante como herramientas los mantras, este y otro el Gayatri Mantra para la Claridad mental, el mantra de Romper obstáculos con Ganesh y más mantras que te pueden ayudar dentro del proceso, acompañado de un trabajo personal, interior por el cual uno debe pasar, sí o sí. Recuerda, no puedes saltarte los diferentes pasos.

Así que ya sabes lo que vamos a trabajar, a partir de lo que han sido mis vivencias, experiencias, espero que lo contado te pueda ayudar a tener CLARIDAD y entender desde el nivel de CONCIENCIA desde donde te encuentras y desde ahí empezar a trabajar contigo sin prisa, pero tampoco deteniéndote, la mente es muy astuta para engañarte, con paciencia, sin juzgar, permitirte lo sentido, recordando poco a poco, sintiendo, conectando, amándote, si te amas realmente puedes amar a los demás de manera incondicional, dejar expresar lo que sientes desde el corazón..., empatía, comprensión, compasión, amor...

Empezamos...

Y una cosa que me ha venido a la mente y que me ha venido inspirada por mi Maestro, que no pienses para nada que por la edad que tienes, muy joven o muy avanzada no puedes hacer los cambios necesarios que requieren tu vida, no tiene nada que ver, poco importa la edad, como bien lo digo en *Baila para ti,* mi primer single. Solo tienes que ser Tú mismo, Tú misma, escuchar tu verdadera esencia y de ahí brotará todo tu potencial de creatividad, de imaginación para hacer los cambios que más deseas y has apartado en algún momento de tu vida... Recuperar tus sueños y hacer de ellos tu realidad, lo que te llevará a tu misión... Y si al principio no ves nada, no pasa nada, es normal todo es perfecto, todo se va aclarando a medida que vas avanzando.

Es importante encontrarte en una vibración muy alta, no en la de la mente que es la de la supervivencia. Es estar en ondas alpha y me vas a decir cómo estar en estas ondas, que son donde los estados receptivos del alma como bien nos lo recuerda Lain en *La Voz de tu alma*, mencionando la Ley de la Expansión, centrándote en los anhelos del alma, no en los deseos de la mente, y ahí el enfoque es lo más importante, y es lo que explica Lain y lo que vemos en Raja Yoga Meditación con Francisco.

Nos lo recuerda muy bien Lain, también trabajar con la parte fisiológica del cuerpo, estando en el sistema parasimpático que es el de relajación, donde los estados receptivos del alma, están conectados con el alma, es la energía de alta vibración, la de la Unidad de la que vamos comentando desde las primeras líneas. En el caso contrario estás en el sistema simpático, el de supervivencia que es la mente y desde aquí, no haces nada bueno. Por eso bien nos lo recuerda Lain en sus libros y vídeos, para favorecer el buen funcionamiento del sistema parasimpático, que estés siempre salivando, con la boca siempre húmeda, nada seca. En clase de Hatha Yoga, Yin Yoga, Yoga Terapéutico trabajamos mucho con Clania el sistema parasimpático, lo activamos desde la plena conciencia.

Recuerda "donde van la atención y la intención, va la energía y se expande."

Si empezaste 2018, año en que he empezado la trilogía a partir de junio, pero puede ser 2019 tu punto de partida el día de Nochevieja sintiendo que te iba a pasar grandes cambios en tu vida - como lo sentí en aquel entonces - en las diferentes áreas de tu vida, Salud, Dinero y Amor, es que efectivamente es así y dalo por hecho, está pasando.

No lo estabas soñando, sino que lo sentías en lo más hondo de ti, de tu Ser como algo que sabes que debes pasar por ello, y la verdad te crea una sensación de mareo, como si estuvieses en un estado de embriaguez, al borde de un precipicio, pero este estado de embriaguez sano y consciente te conecta con tu interior, con la certidumbre esa de que todo te da vértigo hasta miedo, pero que te sientes perfectamente capaz de controlar cualquier situación que se te presente, por muy dura que sea. Porque es así... Dios, el Universo, esta energía superior como quieras llamarla no te hace enfrentarte a pruebas que no puedas superar.

Si estas palabras que acabo de escribir te resuenan en lo más hondo de tu Ser, entonces significa que vamos por buen camino. Estás tomando conciencia de que hay algo más, de que no es cierto de que te dejas llevar por los acontecimientos que ocurren en tu vida, sino que estos grandes cambios que ya están aquí o están por llegar, te van a obligar a enfocar de manera diferente las cosas que te sucedían hasta ahora. Y diría que es como si te subiera la adrenalina, parece algo tan grande.

¿Te sigues siendo identificado/a por lo que estás leyendo Aquí y Ahora?, en este preciso instante que te conecta con tu verdadera esencia, ya que recuerda, porque la verdad está aquí, y es la que "te hace libre" como bien dice Lain, recuerda que tu alma lo sabe todo, y en esta nueva Era, la era de Acuario en la que nos encontramos, has venido a conectar con tu alma, que es como un trampolín para la conexión con nuestro Ser. No hemos venido para llegar hasta arriba, no hace falta, porque de ahí procedemos, sino que como Seres de Luz que somos todos, hemos venido aquí a este planeta Tierra para vivir esta experiencia humana, para que nuestra alma siga su proceso evolutivo y que después de muchas reencarnaciones, hayamos podido superar todo tipo de emociones que aún vividas ahora desde el ego o la personalidad hacen sufrir al ser humano que se identifica con ellas y las vive como reales y no lo son, dado que el ser humano no es estas emociones, estos sufrimientos; tampoco somos la mente, debemos tener el control sobre ella, tomar las riendas, ser el amo y no al revés, porque tampoco somos la mente, y por supuesto cuidar de nuestro cuerpo físico, que nos ha sido prestado por la Madre Tierra y a quien se lo devolveremos cuando nuestro tiempo de presencia aquí haya terminado. Sí que es cierto que también estamos tomando el camino de regreso a casa. Todo es perfecto dentro del Plan divino. A veces nos resulta difícil entender lo que nos está pasando, porque la mente no quiere dejar el control, no quiere soltar y te lleva, te arrastra, muchas veces a tu pérdida, pero cuando tocas fondo tomas plenamente conciencia de que te duele tanto lo que estás viviendo, y es donde hasta aquí hemos llegado, y dices ya basta.

Y dentro de nuestro proceso evolutivo es importante que estén alineados Mente, Cuerpo, Alma y Espíritu.

En estos momentos de grandes cambios de la Humanidad hacia un mundo mejor, de Luz, de Paz, de Voluntad y de Amor, momentos tan importantes para la evolución de la Humanidad, momentos de despertar, que aún estamos durmiendo, desempeñamos el papel que hemos venido a representar con nuestro entorno, con nuestros Hermanos, con este despertar de la conciencia que hace que cuando entendamos realmente el sentido de estas palabras, de que "Yo soy Tú y Tú eres Yo" y que "Todos somos Uno con el Universo", ya no tendrá sentido que nos hagamos daño, porque ya no nacerá de nosotros, expresaremos lo que somos, nuestra verdadera esencia, la del Amor, un Amor incondicional hacia otros Seres que es el reflejo de ti mismo, de ti misma y que somos Uno con nuestro padre, con el Universo, con la Fuente de Luz, con esta energía superior, es Unidad, lo repito no hay separación.

Mientras tanto disfruta del camino, conecta con tu propósito de vida, tu misión del alma, el por qué has venido, conecta con tu alma que te llevará hacia el Ser, el Espíritu puro de Luz y Amor que eres y con esta conexión con el cuarto reino que somos, el reino humano dentro de nuestro proceso evolutivo, porque ya pasamos por los diferentes reinos: primero el reino mineral, luego el mundo vegetal, después el mundo animal, ahora nos encontramos dentro de nuestro proceso viviendo esta experiencia en el reino humano, para llegar a lo que será el Mundo o Reino espiritual. Debemos recordar que hemos venido para disfrutar de cada instante Aquí y Ahora, tal y como lo hacíamos cuando éramos niños, que no nos importaba nada, solo el momento presente y disfrutar de cada instante, y poco a poco nos hemos alejado de este estado, dejándonos llevar por las obligaciones las preocupaciones, las responsabilidades..., apartando toda noción de juego. Aquí voy a poner una foto de mi perra Tara, que desempeña un gran papel en mi vida – su nombre ya en sí es un guiño - lo iré contando en los otros libros dentro de mi trabajo de sanación, todo eso para precisar que también los animales siempre están en el momento presente, lo vemos cuando quieren jugar, y vienen con su juguete para que juegues con él o ella, lo demás no importa, solo este momento de juego.

Así sí hemos venido a conectar con el Alma, a recordar quiénes somos realmente, también el cuarto reino que somos, el del reino humano ha venido a conectar con el quinto reino, el de los Maestros, el mundo de los devas o ángeles con quienes estábamos en contacto directo durante la época atlántida y que por abusos por nuestra parte, se interrumpió esta conexión.

Sin embargo, si aquietas la mente y te permites escuchar, te darás cuenta de que nunca estás solo/a, siempre estás acompañado/a por tus Guías, Maestros y Seres queridos de los Registros Akáshicos, así como el mundo angélico. Cómo se consigue llegar a oírlos, aquietando la mente, cómo se aquieta la mente, buscando la calma, la serenidad en uno/a mismo/a.

Y cada vez más será más fácil conectar con nuestro equipo, sin oración, solo con atención e intención, desde el corazón.

Primero debes quererlo en lo más hondo de tu Ser, la prueba del principio es no desanimarte si al cabo del primer intento, no obtienes ningún resultado, recuerda lo que evocamos al principio de este libro, se requiere tranquilidad, paciencia, no precipitarse, sin prisa, darse permiso, y confiar en el proceso.

Si te permites escuchar, poco a poco sin expectativas, si en tu oración deseas esta comunicación con tu equipo, algo te llegará...

Es como este bonito libro y existe la película de *Conversaciones con Dios*, que te recomiendo leer de Neale Donald Walsch. Te puede ayudar en la comprensión de esta "comunicación" como bien lo llama en el libro entre el Quinto Reino y el Cuarto Reino.

Puedes dialogar con ellos, si te lo permites y ya verás cómo te guían, te acompañan, dejándote siempre el libre albedrío, porque decides Tú.

Así al leer estas páginas, mi objetivo es que te ayude a realmente tomar conciencia de tu verdadera esencia, de tu potencial, de quién eres, y que dialogar con ellos te permitirá un mejor entendimiento de ti mismo/a, de tu Conciencia al ver y aprender a través de tus diferentes vivencias y aprendizajes, de que no hay nada real, que todo forma parte de una inmensa obra de teatro, en la que cada uno de nosotros tenemos un papel que desempeñar para nuestra evolución y la de la Humanidad. Y que más allá de esta comunicación con tus Registros y el mundo angélico, está la labor de sanación, de transformación, no solo contigo mismo sino también con tu entorno y también con nuestro planeta, nuestra Madre Tierra.

Y te llegará cuando sea el momento un Maestro según el proceso en el cual te encuentres y tu misión en el plano terrenal para guiarte, quizás varios y en el plano espiritual también.

Es cierto que en el plano terrenal te aparecerán seres que te van a ayudar en tu proceso que son como guías y te indicarán el camino.

Así la primera parte de mi libro va a ser:

Primera parte: Los Registros Akáshicos y el mundo angélico.

a) No existen las casualidades.

b) Los Registros Akáshicos y el mundo angélico en tu vida cotidiana.

c) Realmente ¿quiénes son los Arcángeles y Ángeles?

Segunda parte: Sanarte a ti mismo, sanar a otras personas o ayudar, conciencia de que Yo soy Tú y Tú eres Yo, que Todos somos Uno con el Universo.

Tercera parte: Más allá del trabajo de sanación para nosotros y otros Seres, trabajar con los Maestros para el planeta, para un mundo mejor de Luz y Amor.

I

LOS REGISTROS AKÁSHICOS Y EL MUNDO ANGÉLICO

Como lo vamos evocando en Raja Yoga- Meditación durante nuestras charlas – en Raja Yoga, el Yoga de la Mente, empecé a ir a las charlas hace ya unos años con Francisco, comencé a tomar conciencia en esta vida de todos los cambios que vamos viviendo, superando pruebas, aprendizajes, vivencias desde la plena conciencia, mejorando nuestro propio camino, al mismo tiempo que estamos ayudando a nuestros hermanos que aún están un poco atrás y están llegando, porque nos vamos a contagiar a todos, dalo por hecho. Todos vamos a ser Maestros tarde o temprano. Imagínate una gran escalera que vamos subiendo, todos vamos subiendo y nos encontramos cada uno en un peldaño diferente, y vamos subiendo.

También me gustaría agradecer a Lain García Calvo, también un Ser maravilloso con una gran misión en esta nueva Era en este momento de transición en el cual se encuentra la Humanidad, por su gran labor al ayudarnos a recordar quiénes somos realmente, a recordar nuestra verdadera esencia y el potencial ilimitado que tenemos todos como seres divinos que somos, viviendo esta experiencia humana. Y lo maravilloso es que lo hace con palabras sencillas, con un lenguaje sencillo para que entendamos claramente todo el mundo de la metafísica, física cuántica que me llegó a mí hace unos años atrás desde un nivel más espiritual. Y la verdad me siento muy agradecida cuando llegó a mi vida, a través del libro *Cómo atraer el dinero* de Lain, dado que he venido a romper precisamente un patrón familiar que he ido repitiendo y aún en este preciso momento que escribo estas líneas del primer libro estoy en el camino y muy cerca de liberarme de ello y así liberarme no solo a mí, sino a mis antepasados y a los descendientes míos que vienen detrás de mí. Y es así que lo siento en lo más hondo. Así reitero mis agradecimientos hacia Francisco y

Lain, porque tratan del mismo concepto a nivel metafísico, física cuántica a nivel espiritual y terrenal cada uno con su misión, y es necesario el equilibrio, no dirigirte hacia los extremos, es encontrar el equilibrio, entenderlo, el entendimiento es fundamental y de ahí con claridad en el funcionamiento del principio de las Leyes Universales, te llega el discernimiento y recuerdas que lo que "Como es arriba es abajo, como es adentro es afuera" y que no hay separación, todo es Unidad, "somos Uno con el Universo."

El día del evento de Lain al que asistí el 2 y 3 de junio de 2018, vino a visitarme un Ser querido durante una meditación que hicimos, que ya no está con nosotros en este plano, en mi caso se trata de Mar cuyo poema a continuación viene dedicado. Su mensaje para mí era muy claro, me anunciaba que iba a estar con el hombre que amo que ella misma me había anunciado hace más de diez años atrás, cuando aún estaba con nosotros en este plano, y que sería el padre de mi hija, que debía tener paciencia, que la Templanza es una maestra y que desde aquí hasta tres años vendría esta alma, revelándome su nombre, dentro de nuestros acuerdos de almas, venía a seguir su evolución con nosotros. Qué quiero decir con esta revelación, solo recordar que tú también has tenido una experiencia de comunicación con un Ser querido que ya no está en este plano y se ha comunicado contigo, de una manera u otra, seguro que recuerdas algo, significa que ahí tampoco hay separación, la hay aún por nuestros miedos, porque está en otro plano que no podemos ver con nuestros ojos físicos, pero si se suelta y según tu grado de conciencia en este momento de tu vida, y lo que te has trabajado, todo es posible si te lo permites.

En este preciso momento de mi vida, me encuentro realmente como bien dice Lain en la travesía del desierto hasta llegar a la Tierra prometida. Después de diez años, en marzo de 2018 mi expareja decidió poner fin a nuestra relación por no seguirme en todo lo que estoy haciendo, según me comentó, y nos separamos. El tema de la separación, del abandono lo iré evocando un poco más adelante, porque tú también a lo mejor has pasado por ello y no entiendes por qué se te repite una y a vez el hecho de que tus parejas te abandonen, lo que me ha pasado a mí, hasta que llegues a un nivel de conciencia para entenderlo, tiene un significado y más adelante lo explico.

También por problemas de geopatía en el piso anterior que me afectó la salud con neumonías repetidas, tocándome la pleura durante los dos últimos años de los cinco años viviendo ahí, todo eso este año han sido experiencias de las cuales he salido más fuerte y con más sabiduría con respecto a este tema, pudiendo avisar a más personas sobre el tema antes de irme de este edificio cuyo espacio con problemas energéticos, viniendo de la tierra, de los cruces de Curry y Hartman, y con más energías nefastas para el ser humano, con portales dimensionales. También se veían afectadas en la finca otras personas que padecían problemas de salud en el mismo edificio. Así que si padeces alguna dolencia, comprueba en casa con estas barras que utilizan los agricultores donde están estos cruces que perjudican la salud de los Seres vivos: los Humanos, las plantas…, mira dónde está tu cama, tu sofá, la mesa donde comes, la silla…

Por qué comento todo eso, porque son temas aún desconocidos por la mayoría de la gente. Solo confío que nuestras charlas con los vecinos de esta finca hayan servido de algo. Y el tema de geopatía en los espacios donde nos movemos que sea la casa, el lugar de trabajo u otros sitios, confío que vaya saliendo más a la luz con este espíritu de concienciación.

Así que ahora en mi nuevo piso, donde he comprobado, medido con las barras y la ayuda de Toni Eustaquio y de José Castaño el estado del espacio, escribo estas líneas, inspirada y guiada por mis Guías, Maestros y Seres queridos de los Registros Akáshicos y por el Maestro Ismael.

Y si he comentado estos dos hechos en paralelo, lo de mi separación y lo del piso, es porque han sido dos pruebas que me ha tocado vivir al mismo tiempo, Salud, Amor y se habría de añadir Dinero, por mi miedo irracional a la carencia, a la escasez.

El tema de la geopatía, con estas barras que utilizan los campesinos para medir terrenos, te permite saber dónde hay cruces que te pueden afectar en cuanto a la salud. Si notas que tienes problemas de salud o un familiar tuyo, es aconsejable comprobar los espacios donde estás más a menudo.

Con respecto a Mar que he evocado en las líneas anteriores, con quien todo empezó en cuanto a una toma de conciencia de que existían otros planos, podéis leer el poema que le viene dedicado, que se puede encontrar en mi libro anterior *Un nuevo amanecer* que publiqué hace unos tres años, y me gustaría compartir a lo largo de este libro varios poemas que escribí como una invitación para recordar lo que es realmente importante.

MAR

Tu nombre evoca esta inmensidad de pureza...
Recuerdo nuestro primer día.
Tan guapa, elegante, majestuosa,
tan disponible, compasiva, amorosa,
tan dispuesta a ayudarnos y a enseñarnos,
todo lo que sabías para iluminar nuestro camino.
Aún me acuerdo
de nuestro primer taller sobre el mundo divino,
el de los Ángeles y Arcángeles y la función de cada uno.

Nos olvidamos de que los Ángeles o Devas, muy cerca todos
de nosotros, solo esperan que de ellos nos acordemos,
y en nuestro día a día nos ayudan y guían
para que nuestro camino sea como un gran afán hacia lo deseado;
para recordarnos lo que somos,
Seres de Luz muy poderosos,
Amor, Luz, Paz, Abundancia, Prosperidad somos.
Aún dormidos,
ayudándonos a desarrollar esta Conciencia,
para que podamos ver de verdad quiénes somos.
Recuerdo nuestros momentos mágicos
para celebrar la noche de San Juan todos unidos,
dándole la bienvenida a esta puerta que se abría
para dejar paso a que nuestro deseo se cumpliera
no solo uno si no varios deseos, y que la Luz entrara
de lleno en nuestra vida.
Nos dabas a cada uno de nosotros tu amor y tu cariño,
y sabes lo mucho que te queríamos: mucho, muchísimo.
Recuerdo que éramos "tus niñas",
Madre, Sacerdotisa, Gran anfitriona y Maestra,
Te llevamos en nuestro corazón cada día
hasta volver a vernos cuando volvamos a casa.
Mar, tu nombre evoca esta inmensidad de pureza...

MAR

A continuación también me gustaría nombrar a estos grandes Seres que han marcado y están marcando mi proceso evolutivo de plena conciencia como guías en el plano terrenal y hablaré de ellos con más detalle con experiencias, anécdotas vividas con ellos a lo largo de este libro, que me han ayudado muchísimo y os podrán ayudar también dentro de vuestro proceso a través de las experiencias y vivencias que iré contando: gracias, gracias, gracias a Mar Almódovar, a Francisco Redondo, a Diana Solaz, a Marisol Ramos, a Toni Pons, a Toni Eustaquio, a José Castaño, a Cristián Abratte..., y a ti Lain García Calvo, por hacer que esté escribiendo mi primer Best Seller que va a ayudar a muchísimas personas dentro de un Bien común para la Humanidad.

También al escribir estas líneas estoy con mi gran proyecto, en colaboración con Carlos Mansa, músico vinculado con el mundo de la canción, musicales, con quien he colaborado para *Baila para ti,* Carlos la música y por mi parte, la letra que está a punto de salir a la luz, confiando que tenga una muy buena acogida por parte de la gente, a nivel nacional e internacional y la segunda canción, en proyecto la tercera y el álbum.

Y me gustaría agradecer a Tania Centeno por el gran trabajo que vamos haciendo juntas, en cuanto al canto y a nivel personal con el tema económico, obligándome a bajar a lo más terrenal para enfrentarme a mis miedos.

Y también me gustaría agradecer a Pau Rius e Iván López por los dos fantásticos vídeos que hicieron al día de hoy con mis dos primeras canciones.

Estoy notando y también lo habrás notado tú, que como me expreso al principio de este libro, es como algo diferente que estas líneas ahora que es cuando empecé la trilogía.

Y ahora estoy repasando este primer libro, habiendo terminado la trilogía.

Así que si estás viviendo este año 2018, año del Best Seller, mi caso, o ahora repasando los libros que estamos en 2019 con estos grandes cambios en tu vida en un área o varias áreas de tu vida, Salud, Dinero o Amor y la verdad poco importa el orden de estas palabras, entonces estas líneas te podrán ayudar en todo tu proceso de transformación, de transmutación, experimentando en cada paso que vas dando claridad, paz, serenidad, armonía... Y como bien lo expreso si aún lo estoy repasando, es que hay muchas resistencias en mí, frenando mi mente subconsciente el proceso. Al principio no hay claridad, sino confusión y es importante conseguir aquietar la mente, buscando herramientas quizás que te puedan ayudar como el yoga, los mandalas, la meditación, el *mindfulness*, la respiración u otras actividades que te aporten calma...

Si sientes todo eso, vas por muy buen camino..., pero antes de esto habrás pasado por tremendas y profundas crisis, con mucho dolor emocional, mental y cuando se llega al dolor físico, a la enfermedad es que realmente no se ha hecho bien los deberes... Ahora hay que volver a empezar de cero.... Y la verdad como estoy repasando este primer libro, precisamente hoy día 31 de diciembre de 2018, quizás hayas hecho como un balance de este año, es importante sin juzgar, solo como observador/a para poder sacar las conclusiones, los aprendizajes, porque recuerda que no hay nada bueno ni malo en lo vivido, solo cosas por aprender, para la evolución de nuestra alma. Cómo te sientes, más fuerte, o debilitado por estas experiencias, es bueno hacer una introspección, que la verdad no hace falta hacerla al finalizar el año sino cuando se acaba el día, o a la semana, pero recuerda que las vivencias que tenemos no ocurren por casualidad, siempre hay una razón cuyo propósito es tu evolución, la de tu alma.

Sí que vas a tener desafíos, retos que van a poner a prueba tu Fe, en esta travesía del desierto en el que realmente te encuentras solo/a a nivel físico me refiero, aunque realmente nunca estás solo/a porque te acompaña y guía tu equipo de los Registros, como me está pasando, y te está pasando a ti también, pero sé que todo ello tiene un propósito, que no hay nada por casualidad, que si en este momento de mi vida, me encuentro sola a nivel de mi vida personal, sentimental con grandes cambios, sé que es la Voluntad de mi Padre, del Universo, de la Fuente divina como quieras llamarlo y con quien te sientes más identificado/a, para llevarme hacia lo que he venido a hacer, mi misión, y lo he pedido a mi equipo, de qué manera pudiera ayudar para un Bien común. Todo ello forma parte de un gran Plan en el cual me tengo que liberar de todo lo que me ata a mi pasado y me impide ser yo misma, ser plenamente libre en todos los sentidos de la palabra. Todo forma parte de un propósito divino, y debes ser firme, constante, y tal y como un junco puedes doblarte, pero no te rompes y sigues adelante, pase lo que pase, porque puedes hacer frente a todo lo que se te presente, eres un

Ser divino con un potencial ilimitado y cuando realmente tomas conciencia de ello, como bien dice Lain, te vuelves Imparable y nada y nadie te puede parar. Tienes claridad, actúas con clarividencia, sientes que estos miedos, estos límites creados por tu mente subconsciente los identifiques como que no son reales, llevas ahí la atención y la intención de superar todo ello y es cuando todo se transforma, esta realidad que creías tuya, te das cuenta de que no lo es, que es una proyección de tu mente, y entonces es cuando puedes romper patrones, ir más allá de tu sistema de creencias que te encarcela.

Me encanta repetirme esta frase y recordarla a otros seres cuando estamos hablando de nuestras pruebas, vivencias y/o aprendizajes, "No hay nada ni nadie que te pueda hacer daño, a no ser que lo permitas tú." Y la verdad es así. A nivel emocional lo que nos pasa en nuestra vida es nuestra percepción de lo que creemos que es nuestra realidad y no lo es, no es así. Eso lo entiendes a medida que va creciendo tu nivel de conciencia, ayudado por las energías de síntesis y tu trabajo personal.

Gracias, gracias, gracias por permitirme Lain a través de este libro poder expresar todo lo que quería plasmar desde hace tiempo y lo dejaba siempre para otro día, ahora sí que está, ha llegado el momento. Comparto con vosotros otro poema extraído de *Un nuevo Amanecer*, como para plasmar lo comentado en este preciso instante.

Y recuerda cómo es importante estar viviendo las cosas, sintiéndote en el momento presente porque si estás en el pasado o en el futuro, te pierdes este momento único y especial que es el Aquí y Ahora, cuando se expresa tu verdadera esencia.

AQUÍ Y AHORA

Nada es realmente tan importante,
como el momento presente,
y para vivirlo plenamente
se ha de disfrutar de cada instante,
y ante todo ser consciente,
de que no se repite;
es único, especial y, verdaderamente,
por dentro te remueve.
Un abrazo, un regalo inesperado,
tu mirada de niño descubriendo
que cada momento es algo mágico y único,
Auténtico, y viene acompañado
de un gran agradecimiento.
Un agradecimiento a la vida,
a la esencia misma de cada cosa
que a nuestro alrededor nos rodea.
Así es vivir en el Aquí y Ahora,
y no darle mucha importancia
a lo que viene y se va;
Solo está para que se aprenda
a disfrutar de cada cosa,
circunstancia y persona.
En tu cara aparece una sonrisa
como para sellar esta alegría,
esta felicidad, esta Paz interna,
una gratitud infinita,
hacia nuestra conciencia,
que de cada momento disfruta

acabando el día,
con la satisfacción pura,
de haber sido el o la protagonista
de estos momentos únicos llenos de magia.

A) NO EXISTEN LAS CASUALIDADES

No hay casualidades sino sincronicidades. En Valencia este año 2006 fue cuando realmente las personas que encontré iban a marcar para siempre mi proceso evolutivo hacia la conciencia de quiénes somos todos realmente y por qué hemos venido aquí, cada uno de nosotros con su propósito o misión de vida.

Tenía que empezar aquí en esta ciudad Valencia, España, todo mi proceso evolutivo, me estaban esperando estos Seres maravillosos dentro de mi crecimiento personal.

Me gustaría expresar que todo lo que estoy escribiendo Aquí y Ahora me viene inspirado por el Maestro Ismael que me acompaña en este preciso momento de mi vida, que se encuentra conmigo ahora dentro de mi proceso, y me ha dado permiso para nombrarle. Recuerda que tu equipo de los Registros también siempre está contigo…

Como se ha evocado anteriormente si te permites aquietar la mente, y escuchar, te llegarán mensajes de tu "equipo" de los Registros Akáshicos, como bien dice Diana Solaz, hacia quien también tengo un cariño y aprecio muy especial por ser mi instructora de mi formación de Maestría de Reiki y de los Registros Akáshicos, así como de muchos más talleres y retiros que hicimos juntas, así como las Meditaciones grupales de servicio de Plenilunio.

Y por supuesto llegan a tu vida los Seres que te van a ayudar dentro del proceso. Como bien nos recuerda Lain: "Cuando está preparado el alumno, llega el Maestro." Todo es perfecto dentro de nuestros acuerdos de almas, antes de venir aquí a este planeta. Y "Como lo que es arriba, es abajo y como es adentro, es afuera", tenemos Maestros arriba y también en el plano terrenal en el que nos encontramos, en el plano material con este cuerpo existen Seres que desempeñan el papel de Guías terrenales, instructores...

Es cierto que a lo largo de estos años, en realidad para mí el despertar empezó en 2006 al ponerme por el camino Seres que conocí que iban a marcar mi existencia y con los que tenía acuerdos de almas, y es cierto que desde la adolescencia en mis momentos de soledad leía mucho la Biblia. Y durante todos estos años hasta el año 2006, me había alejado de la Fuente. Iba errando por el mundo.

Y me gustaría agradecer a los Seres con quienes tuve estos acuerdos de almas para mi proceso evolutivo: Mar que ya no está con nosotros, dejó este plano para volver a casa y me inició al mundo de los Arcángeles y de los Ángeles; Francisco con quien sigo las clases de Raja Yoga, de Yoga Nidra, Meditación, Metafísica, Física cuántica y con quien hice y hago muchísimos talleres, la formación de Instructor/a de Meditación Mindfulness, y las meditaciones grupales de servicio de Plenilunio cada mes en el Instituto Luis Vives de Valencia, haciendo nuestro servicio como alma, elevando la vibración del planeta hacia un mundo de Paz, Voluntad, Luz y Amor; Diana con quien también hice muchísimos talleres desde la Maestría de Reiki, también Maestría Reiki Karuna, Maestría Gokui Kaiden, Maestría de sanación por los Arquetipos, sanación con el péndulo, la gemoterapia aplicada a Reiki, la introducción a las flores de Bach, formando parte de la federación de UniKeiki y lo que va a ser el propósito de mi libro hice la formación de los Registros Akáshicos que iba a marcar profundamente mi vida hacia la conciencia de que nunca estamos solos, siempre nos acompaña nuestro "equipo", como bien dice Diana, nuestros Guías, nuestros Maestros y nuestros Seres queridos, haciendo en colaboración con ellos trabajos de sanación para uno mismo y para otros Seres, y también colaborando con ellos para el planeta, con esta conciencia de que en esta nueva Era, la de Acuario, hemos venido precisamente ahora en este momento de transición, de grandes cambios para la Humanidad hacia un mundo mejor con más Luz y Amor, ayudándonos entre todos a recordar quiénes somos realmente, nuestra verdadera esencia divina, con un potencial ilimitado, Seres divinos viviendo esta experiencia humana, que nos lleva dentro de nuestra evolución hacia Maestros, una vez superados todas estas pruebas que creemos tan reales y no lo son y nos provocan tanto dolor a nivel físico, emocional, mental, psíquico y espiritual.

A lo mejor te sorprende el hecho de que no deje de agradecer, recuerda que la GRATITUD es una palabra bellísima, en cualquier idioma que sea, y está en nuestro Ser, y al estar agradecido/a te eleva. Es un sentimiento cuyo sentido es ilimitado, infinito cuando agradecemos a alguien o al revés. Leí hace poco en una página de Internet sobre la gratitud que, había dos investigadores universitarios en psicología positiva el Dr. Emmans y el Dr. McCollough, que hicieron un experimento bastante sencillo, pero muy revelador: un grupo de personas anotó en un diario todas sus actividades, otro grupo solo escribió las cosas negativas, que les estaban pasando y un tercer grupo llenó un registro de todas las cosas y eventos por las cuales tenían que agradecer.

Qué pasó, pues algo maravilloso... Este último grupo siempre se encontraba entusiasta. Cada vez que experimentaban, normalmente sonríen varias veces al día y este es un reflejo de la gratitud porque "la mente y el cuerpo registran cuántas veces al día experimentamos este sentir con los demás y con nosotros."

Así que para empezar este camino de sanación contigo mismo/a, debes empezar por la Gratitud. Se reconoce que al agradecer se perfecciona la capacidad intuitiva, se ejercita la conciencia para hacer que suceda lo bueno en nuestra vida.

Y te preguntarás cómo se conecta con esta energía, y te diré a través de la meditación. Al llevar tu atención y tu intención hacia ti, hacia lo interior que siempre estamos mirando hacia fuera, donde hay agitación, ruido, y el silencio nos da miedo, ahí nos entra pánico, por qué, no se nos ha enseñado desde pequeño a silenciar, a aquietar la mente, que va al mismo ritmo que todo el ruido, la agitación de fuera, el hombre ha perdido su conexión con la madre Tierra, con la Naturaleza, y la verdad es que con el despertar de la Humanidad, volvemos a esta conexión.

Y verás si al día tomas esta costumbre sana de parar y dedicar para ti exclusivamente 10 min., qué son realmente 10 min., a lo largo del día, haciendo consciente que tu mente te va a disuadir, a veces muy sutilmente, te va a traer todos los argumentos para disuadirte y decirte, "no puedes, no tienes tiempo, esto te va a retrasar, tú sabes que tú no tienes paciencia", en fin una infinidad de argumentos que te van a llegar y terminan por disuadirte si no te afirmas y marcas tu Fuerza de voluntad en este proceso. Ahí está el primer paso y la clave de todo el proceso. Fuerza de Voluntad, Integridad Compromiso, y aquí el Compromiso, la Integridad es contigo mismo/a. Tómate este tiempo para empezar 10 min., respira, agradece, observa cómo te sientes… para empezar.

Estas líneas sobre la Integridad, el Compromiso son fundamentales y créeme, sé muy bien de lo que estoy hablando o escribiendo. Aquí si te viera personalmente, haría un pequeño guiño, ahí va.

Y la verdad, está comprobado científicamente que te volverás más sano y feliz.

También te puedes hacer un diario de gratitud que vas apuntando lo que sería las bendiciones del día. Puedes tener miles de razones por agradecer, agradecer por despertar y ser vivo, el aire que respiras, por tu familia..., lo importante es desarrollar esta costumbre, esta rutina...

Debes recordar que "AGRADECER NOS ENGRANDECE" y forma parte de nuestra expansión de conciencia porque el medio que nos conecta con el cosmos, con el Universo y con Dios.

Entiendes ahora lo importante que es agradecer en tu vida cotidiana, al ver pasar delante de ti una mariposa, o un espectáculo de la naturaleza que te permite conectar de nuevo con estas cosas sencillas, con la belleza para darte ejemplos.

A continuación *Agradecimiento*, extraído del libro *Un nuevo amanecer*.

AGRADECIMIENTO

Me levanto y agradezco
todo lo que está a mi alrededor,
a todos los que forman parte de mi vida,
conocidos, amigos, mi entorno y los que están de paso;
también las circunstancias que me tocan ir viviendo.
Todos resultan ser en determinadas situaciones mis maestros,
recordando que en nuestro camino somos

a la vez maestros y alumnos.
a lo largo del día, me paro y agradezco,
es como si se abriera del de mí un camino infinito,
que me lleva hacia una inmensa paz interna y armonía;
y en mi rostro e dibuja una sonrisa,
expresando satisfacción, alegría y felicidad;
y si aparece algún sentimiento de tristeza,
lo identifico: aquí está.
Me hago observadora,
observadora desde dentro,
¿Por qué se está expresando?
Viene vinculado a una palabra o a un hecho
¿O algo mucho más hondo?
Una vez identificado,
procuro que no se quede mucho tiempo,
y a su transformación con ayuda procedo.
Recordando quiénes somos,
venciendo estos miedos
que nos impiden expresar o realizar todo lo que queremos,
cada uno de nosotros
a su ritmo, siguiendo nuestra trayectoria,
trazada a partir de nuestros pensamientos,
la que ha escogido nuestra alma,
nuestra misión de vida,
dentro de nuestro plan de vida,
sin olvidar el papel que desempeñamos en esta gran obra,
siendo nuestra vida el gran escenario,
cada uno de nosotros con un papel determinado,
que antes de venir aquí entre almas fue acordado,

que nos ayudará a crecer, a aprender, a seguir nuestro camino.
Me acuesto y agradezco
el día de hoy que se ha acabado;
y repasándolo me quedo,
haciendo como un inventario
de las cosas que a lo largo del día he vivido.
Son "recapitulaciones" como dice Francisco,
que pueden remontar
hasta donde podemos recordar.
Y si algún detalle no me ha gustado,
¿quién me impide volver a vivirlo?
Y compasión, amor y luz enviando,
para que no se me quede ningún sabor amargo.
Todo eso envío
a las vivencias que no me han gustado.
Y un profundo sentimiento de gratitud me invade
por lo que soy, por todo lo que me nace,
por todas estas personas, por toda esta gente,
por todo lo vivido, por todo lo que se aprende.

Si en este preciso momento en el que nos encontramos, Seres divinos en esta experiencia de Seres humanos, tomamos conciencia de que hemos venido para conectar con el alma, dentro del proceso evolutivo, el Alma no es el Espíritu, no es el Ser... el Alma nos permite esta conexión con nuestra esencia divina, para que no vayamos a subir al plano donde se encuentra el Ser, de ahí procedemos, sino que el Ser baje y se exprese desde la plena conciencia a través de nosotros, viendo su emerger, siendo el Amo de la casa, de nuestro cuerpo, de nuestras emociones, nuestra mente. Aún en nuestro despertar todo lo que se expresa desde el ego, desde la personalidad no está dispuesto a perder este control, dejándonos en la zona de confort, creando una barrera de miedos y falsas creencias que no nos pertenecen. Para reconocer nuestra verdadera esencia que es Voluntad, Luz y Amor, estamos expandiendo, irradiando, creciendo con el propósito de elevar la vibración planetaria, precisamente en colaboración con el Quinto Reino, el Reino de los Maestros y del Mundo angélico. El objetivo es este alineamiento completo, perfecto, divino Cuerpo, Mente, Alma, y Espíritu.

Aquí estamos todos despertando poco a poco, que aún estamos dormidos, hemos venido a conectar con el Alma y también a dialogar con nuestro equipo de los Registros Akáshicos, con el Quinto Reino que nos acompañan, nos guían, siempre dejándonos nuestro libre albedrío, con la presencia del mundo de los Arcángeles, de los devas o ángeles. Si paramos, aquietamos la mente y escuchamos nos llegarán con gran claridad los mensajes que tienen para nosotros, solo se ha de prestar atención, ver las señales que se nos presentan por el camino.

Aquí está el propósito de este libro. Al nombrar en varias ocasiones a todos estos Seres tan importantes para mí en esta vida, es como expresar mi inmensa y eterna gratitud hacia ellos, y hacia mi equipo de los Registros Akáshicos y en este preciso momento de mi vida, me siento muy agradecida por la presencia del Maestro Ismael que me acompaña, y cuya paciencia es impresionante porque mi mente lo hace todo para sabotearme, diciéndote que te tomes las cosas con tranquilidad, diciéndote que tienes tiempo, que lo harás mañana, que al no tener el dinero para las publicaciones por qué correr, y ahí está la clave, somos Abundancia, nos hemos olvidado de ello, nos hemos alejado de la Fuente, hemos creado esta separación y recuerda que si tú haces TU parte, el universo hace SU parte. Y la verdad lo irás comprobando en el proceso verás muchas resistencias.

Me encanta un cartel que publicó Covadonga Pérez Lozana y que dice, lo he visto justo ahora que estoy repasando el primer libro y es lo siguiente:

- ¿En qué has estado?

- Pues aquí sanando mis traumas ancestrales, rediseñando mi ADN repasando mis lecciones del alma, cultivando espacio para el flujo de abundancia y agradeciendo mucho todo el proceso... ¿y tú?"

Me encanta, así es, es lo que toca...

Es lo que nos ha llevado a hacer esta trilogía, cuya finalidad es sanar lo que tocaba y poder ayudar a más personas...

También me gustaría agradecer a Marisol, con quien hice la formación del Método del doctor Yuen, otra magnífica herramienta de sanación, también agradecer a Toni Pons, gran Ser con un gran control del poder mental a través de la hipnosis, un gran guía con quien hice y sigo haciendo un gran trabajo de crecimiento personal y sanación con varias meditaciones. Me repito, pero bien sabemos que la repetición es "la Madre del aprendizaje" como bien lo expresa Lair Ribeiro en su libro *El éxito no llega por casualidad*. Y como profesora de francés en la Escuela Oficial de Idiomas de Valencia, España en este momento de mi vida, y de español que fui hace años en Francia, con mis alumnos bien lo he puesto en práctica..., me refiero a la repetición...

Tres años después de publicar *Un nuevo amanecer*, recopilación de poemas que me nacían del alma con la publicación de esta trilogía que lleva el mismo nombre *Un nuevo amanecer*, a través del maravilloso propósito que nos ofrece Lain, con nuestro primer Best Seller, y después de consultarlo con mis Guías, Maestros y Seres queridos acerca del tema que debía escoger, me llegó a la mente lo que vais a leer a continuación.

Si no me presenté en noviembre de 2017 en el evento de Lain para el Best Seller, fue porque me frenó la mente por el tema económico. Todo eso para que te hagas consciente de las estratagemas que es capaz tu mente de utilizar para que no salgas de tu zona de confort, convenciéndote de que no puede ser, saboteando lo que quieres hacer.

De hecho, como anécdota, a lo mejor te resuena algo de lo que voy a contarte por pasarte algo similar. El día del evento cuando llegamos a hablar el domingo por la tarde de la Abundancia y de la Prosperidad, escuchando a Lain y viéndolo, de repente se me nublaron los dos ojos a la vez, no llegué a ver absolutamente nada, llevo lentillas y por lo tanto fue como si una capa gris me impidiera ver el dibujo que estaba haciendo Lain en la pizarra, no veía nada, entendí que era mi mente que no quería que pudiera salir de todo ello y como no quería levantarme para ir a limpiar las lentillas, me dirigí a ella y le dije, "Vale, sé que eres tú que me impides ver, pero tengo oídos y de aquí no me muevo" Y ahí me quedé, hasta la pausa con la música, no veía nada, como si fuera ciega, conseguí llegar hasta la puerta de salida, pidiendo ayuda a una de las chicas embajadoras del equipo de Lain que se llama Amparo y le dije: "Ayúdame a bajar las escaleras para ir al baño y limpiar las lentillas, no veo nada. Es mi mente." Y esta chica estupenda, como todo el equipo de Embajadores de Lain, sin olvidarme de Tere, la mamá de Lain, y Luis su papá, magníficos Seres de una gran generosidad y empatía, me ayudó, de hecho, nos volvimos a ver en el evento de junio de 2018 y se acordó perfectamente de mí.

¡Qué aventura!

En tu vivencia personal, también encontrarás ejemplos de momentos en que tu mente te ha saboteado lo que querías hacer, así que ya sabes, primero verlo desde la plena conciencia y debes tomar el control...

Entonces qué pasó cuando volví al evento de Lain el 2 y 3 de junio de 2018, me apunté enseguida a lo del Best Seller,

¿mis temores y miedos acerca del tema económico habían desaparecido? La verdad que no, había seguido trabajando al respecto, sin embargo, tengo 50 años y lo tengo tan anclado por decirlo de alguna manera en mí, como una creencia limitante muy arraigada, sin embargo, quise enfrentarme a ello, a este miedo a la carencia, a la escasez, siendo funcionaria como un buen sueldo, y viéndome así en esta situación que de hecho he venido a trabajar al decidir venir aquí a este planeta, que me pone en una situación de límite, de supervivencia, en la posición de "no puedo", "no tengo", dije ya basta, no soy estos límites, solo es un reflejo de mi mente subconsciente como bien nos lo explica Lain, vienen de creencias limitantes aprendidas de nuestro entorno desde la infancia. Ya ha venido la hora de romper las cadenas, de saltar este muro, de romper patrones aprendidos y que no son míos, de liberarme a mí, a mis antepasados volviendo a 7 generaciones atrás y yendo a 7 generaciones después, para eso he venido y para cumplir mi misión del alma, mi propósito de vida. Y tú también, has venido para ello, a qué esperas, ponte en camino, ya ha venido la hora de que tomes las riendas de tu vida, Aquí y Ahora desde la Plena conciencia.

Tomar las riendas de tu vida es tu conexión con tu alma.

También escribí un poema acerca de nuestros muros en *Un nuevo amanecer*, ahora entiendo por qué escribí estos poemas hace tres años, eran como el preludio de lo que estoy escribiendo ahora, y en sueños veía este muro que me impedía seguir adelante, es el muro que tú mismo/a te has edificado:

MI MURO

Qué es lo que me impide saltar este muro,
teniendo en cuenta que yo misma lo he creado.
Mis miedos, mis temores,
hasta mis preocupaciones,
nublan cualquier entendimiento y razonamiento,
haciendo que aparezca más de un bloqueo.
Llevo encima el peso de todo lo que he cargado,
desde muy jovencita,
en esta misma vida,
o quizás de mis vidas anteriores, o sea mucho más allá,
y todo eso me ata.
¿Debo liberarme de algún voto, bloqueo o promesa de otra vida
que me impide disfrutar plena y conscientemente de mi libertad
y disfrutar de ella con conciencia?
Ahí está la verdadera pregunta y mi búsqueda
para encontrar mi Verdad;
y de repente aparecen respuestas y todo se ilumina,
y con la ayuda de los Guardianes de los Registros Akáshicos,
Maestros, Guías y Seres queridos,
lo que era algo oscuro, mi muro siendo una barrera,
de repente es como si ya no existiera.
Ya ha llegado la hora de saltarlo, este muro...
Real no es, es un espejismo.
Debo recordar quién soy y de dónde vengo.
Soy una chispa, pura Luz, puro Amor, un Ser divino,
soy un Ser libre,

a quien nada impide,
que como por arte de magia,
como la vida misma,
haga que este muro desaparezca,
que lo insuperable ya no exista.
Que todo lo que era molestia
en un santiamén se desvanezca.
Nada de lo que se ve es real, solo forma parte
de nuestro aprendizaje
para que nuestra Alma evolucione y aprenda,
y cuando se vaya de este mundo para volver a casa,
haya cumplido con su Plan de vida.

A lo largo de este libro, pondré unos poemas, dado que me encanta escribir con rimas, que me viene de mi época de trovador..., cómo lo sé, me fue revelado por mi equipo de los Registros Akáshicos, al preguntarles de dónde me venía este amor por escribir con rimas desde los 13 años, y tú también puedes estar conversando tranquilamente con ellos, sobre habilidades que tienes ahora en esta vida y que te vienen de otras vivencias en vidas pasadas.

A que sí parece increíble, leer esto y poder dar el paso y conectar con tu equipo, les gusta bromear, son muy divertidos, date permiso sin miedo ninguno para colaborar con ellos.

Luego a continuación te voy comentando cómo puede ser, y si sigues leyendo estas líneas es que algo te interpela y vas por buen camino. Cada vez más nos va a ser más fácil comunicarnos con ellos.

En el evento de noviembre de 2017 de Lain, y después de haber leído unos cuantos libros de la Saga de la *Voz de tu Alma,* el día de Nochevieja, sabía que grandes cambios me estaban esperando para este año 2018. Y así es y se van a concretar en 2019. A principios del año después de una relación de 10 años, mi pareja y yo nos separamos, decidió marcharse, evocando el hecho de que no me seguía en mi crecimiento personal, que no me hacía feliz y la verdad, aunque yo misma quería poner fin a esta relación desde hacía tiempo, no daba el paso, porque mi mente subconsciente me hacía sentir culpable, me decía: "Lo vas a dejar, pero él lo dejó todo por ti hace 10 años" y aunque me venían a la mente las palabras de Mar, mi primera instructora en el mundo de crecimiento personal cuando empezó todo aquí en Valencia en 2006, y es cierto que desde la adolescencia, me encantaba leer antes de ir a dormir la Biblia, me fascinaba..., Mar llevaba diciéndome que mi expareja no iba a estar en mi vida para siempre, aquí aparece también el tema del apego por mi parte y me negaba a aceptar la evidencia, que según lo que debía aprender de todo este proceso según los mensajes que me llegaban de mi equipo, de mis Guías, Maestros y Seres queridos era: *"No hay nada para siempre"* y superar la prueba una vez más en mi vida del abandono. Cuando escribo "Abandono", en realidad es una *percepción* mía, y el término de PERCEPCIÓN es muy importante, que no es real, ahora vamos a verlo con más profundidad. Así es lo que este año con nuestra separación he aprendido y superado. Y a este de nivel de Percepción, habría que añadir el nivel de Conciencia.

Simplemente mi expareja y yo ya no estábamos en la misma vibración como cuando nos conocimos diez años atrás. Y lo amo en lo más profundo de mi Ser, desde este Amor sincero, puro, infinito, ilimitado, incondicional y esto en nuestra eternidad.

Y a lo largo de estos años hemos seguido nuestra evolución y juntos no avanzábamos más, nos amamos intensa y profundamente a lo largo de estos diez años, con mucho respeto el uno hacia el otro y lo expresado en estas líneas no pertenecen solo al pasado, sino también al presente y al futuro, ya que aunque no estemos juntos como pareja sentimental, lo que siente el corazón es para siempre.

El montaje de este cartel a continuación refleja lo que nos pasó a mi expareja y a mí y le estoy muy agradecida por estos diez años maravillosos que vivimos juntos. Cuando nos conocimos estábamos en la misma vibración, luego fuimos evolucionando, y de ahí lo de uno que no podía seguir al otro, y dentro de nuestros acuerdos de almas, lo bonito es que nos queremos y siempre será así en nuestra eternidad. Formamos parte de la misma familia de Luz, vinimos a trabajar juntos la comunicación y aceptó este papel para que pudiera superar una serie de emociones como la culpa, el abandono, el amarme en el fondo.

Y he debido reconocer que aquí había que superar el tema del abandono, que en realidad mi expareja no me estaba abandonando, sino que me daba la oportunidad de poder aprender a salir sola de una situación difícil, sin sufrir, aprender de cero a gestionar la economía, a organizarme lo que no hacía bien, poner orden en mi vida, claridad en mi vida, en dos palabras Ser Responsable de mí misma, de mi vida, ser feliz sin la presencia de otro Ser a mi lado en este preciso momento. Lo que escribo no significa que he cerrado las puertas al Amor, al revés, ahora tengo conciencia de que quiero que la persona que esté a mi lado, mi compañero de ruta, quiera estar porque es decisión de los dos, que formemos un gran equipo, que nos aportemos lo que toca, que sigamos aprendiendo juntos desde el Amor, el Respeto mutuo, la Confianza, la Integridad y el Compromiso.

También me pasó lo mismo con otra pareja anterior después de 16 años de convivencia, decidió dejar la relación; en su momento lo viví como un abandono también en aquel entonces desde mi percepción, pero todo era perfecto, era para mi bien, mi superación personal, mi evolución. Y lo entiendes con cierto nivel de conciencia, no desde el sentir como víctima como me pasó en aquel entonces en el momento de la separación. Ahora que sigo una relación cordial con ellos, me siento feliz por todo lo recorrido y entiendo que todo era necesario.

Sanar también la culpa, el no amarme lo suficiente porque no tomaba la iniciativa de decir lo que quería, pensaba en la otra persona en vez de pensar en mí, y aquí no hay que confundir no es ser egoísta, en estas condiciones pensar en sí mismo/a sino valorarse y amarse, tener valor, coraje para poner fin a una relación que no te hace plenamente feliz. Ahí era mi aprendizaje. Ahí está la Aceptación de que ha terminado una relación, que si te resistes más sufres, es más dolor y recuerda que no somos este dolor, pertenece al Yo inferior, al ego, es tu amor propio que no acepta, y no tiene nada que ver con tu Ser superior, tu verdadero Yo, tu verdadera esencia.

Este cartel a continuación está extraído de la página web *Un camino hacia la Luz y* refleja muy bien lo vivido con mi ex pareja.

Así lo que debía superar con todo eso, era el abandono, que percibía como tal y no lo era, era un gran favor que me hacían mis exparejas que vi claramente durante una de las meditaciones del mes de noviembre de 2017 en el evento de Vuélvete Imparable de Lain. Quería descubrir de dónde me venía este miedo al abandono.

El miedo al abandono estaba anclado en mí desde mi tierna infancia en esta vida, lo descubrí con las Recapitulaciones o el Desengramar que es lo mismo.

Cuando conecté conmigo o la niña que era en aquel entonces o esta parte de mi infancia que me traía momentos dolorosos, pero que era necesario volver a vivir para sanar, durante una meditación del evento, volví al período de mi infancia con 11 años cuando falleció mi abuela materna Geneviève, cuyo mismo nombre llevo y con el cual investigando, buscando, he procurado sanar lo que tocaba sanar por llevar su nombre todo lo que acarreaba como peso en mi mochila. Falleció de un ataque cerebral, debido a un fuerte choque emocional, que le hizo disparar su tensión arterial, ya que padecía hipertensión, que he superado también después de trabajarme al respecto, sin tomar tratamiento; llevo su nombre en francés y del cual también he debido hacer todo un proceso de sanación, por llevar el nombre de un antepasado con toda la carga ancestral, emocional... que conlleva. Y me siento muy agradecida por todo este proceso vivido, siempre muy consciente de que es muy importante HONRAR a nuestros antepasados y si estamos aquí con esta conciencia de poder reflejar lo que nos damos cuenta hoy en día, es por todo el trabajo y las vivencias que ellos también han venido a trabajar para que nosotros pudiéramos hacer todo lo que nos toca hacer en este preciso momento de liberación.

Así que gracias, gracias, gracias...

Y cuando tomas conciencia de lo que te afecta en tu vida como por ejemplo la hipertensión, que en realidad es el hecho de no ser capaz de controlar una sobrecarga de estrés o situaciones agobiantes que llegan a afectarte directamente la salud, estás como desbordado/a por situaciones que no crees que vas a poder superar, y en realidad cómo conseguir sanar algo hereditario sin tomar pastillas, la verdad sencillamente trabajando contigo mismo/a, con el enfoque que le das a lo que percibes como real y no lo es, y mi respiración y retomando el control de la mente, hablando con mis células, mis átomos, mis moléculas, mis partículas cuánticas, invocando al Arcángel Rafael y sus legiones de ángeles verdes para que me asistiera en todo el proceso de retomar mi poder, retomar el control de mí misma y no dejarme llevar por este flujo poderoso de emociones que no son mi verdadera esencia y que si no las controlas pueden contigo. Como lo ves, me encanta colaborar con el mundo angélico, si lo solicitas, notas su presencia y me siento muy agradecida.

Así que gracias, gracias, gracias, lo fue consiguiendo poco a poco...

Para volver al tema del miedo al abandono, por un disgusto que tuvo mi abuela su tensión arterial subió a 22 y le dio un ataque cerebral, que no pudo superar y falleció la misma semana. En aquel entonces sentí una gran tristeza, un gran abandono, me encantaba estar con mi abuela, de hecho la mayoría del tiempo estaba con ella, porque mis padres trabajaban, y la verdad era mi refugio por las discusiones repetidas en casa, y cuando estaba con ella, me compraba pasteles, los que me encantaban, íbamos al parque a jugar, sentía con ella paz, quietud, tranquilidad, seguridad, no me podía pasar nada con ella, no chillaba, me sentía a salvo, protegida. Y la verdad cuando falleció, se derrumbó mi mundo. Ahí se encontraba el origen en esta vida de mi miedo al abandono. Así lo ves, que lo que arrastramos en nuestra vida de adulto nos vienen de situaciones no resueltas del pasado, que han creado secuelas, traumas que remontan a la infancia, a la adolescencia y están en el subconsciente y aparecen en tu vida de adulto cuando te viene una situación con estas circunstancias por superar.

También con la primera pareja con quien estuve durante 16 años, una relación a distancia Francia-España que llevamos bien, excepto al final, lo que fue el detonante de mi decisión en 2006 al instalarme de manera definitiva en Valencia, España, pasara lo que pasara, aprobara o no las oposiciones de francés en la Escuela Oficial de Idiomas de Valencia, estaba dispuesta a dejarlo todo, nunca lo tuve tan claro, como aquel año. Pero cuando repasas lo ocurrido en aquel entonces, fue el detonante, pero mi deseo de vivir en Valencia era mucho más profundo, mi amor a esta ciudad en la que había estado en otra vida. Porque me encantaba ante todo Valencia y por otra parte quería entonces salvar esta relación. Si aprobaba las oposiciones aquí me quedaría, si no aprobaba también me quedaría porque mi amor por la ciudad prevalecía y hasta el año 2006, después de muchos viajes Francia-España, más precisamente hacia Valencia, decidí instalarme aquí definitivamente después de reencontrarme con esta ciudad en 1989 con un contrato que tuve aquí, que bien sabemos no es casualidad. Y la verdad como he dicho anteriormente el detonante de esta decisión de dar el paso fue porque me pasó esto con esta relación sentimental en aquel entonces, pero la verdad era que quería en lo más hondo estar en Valencia, esta ciudad que me encanta, donde cojo mi fuerza, me siento libre, la amo... Soy francesa, de origen español por parte de mis abuelos paternos que nacieron en Murcia, aunque ante todo me siento ciudadana del Universo, viajando a través del tiempo como todos nosotros con nuestras vivencias y aprendizajes para la evolución del alma. Y este año no pude evitar la separación porque decidió irse, me sentí abandonada otra vez después de mi abuela, ahí sufrí porque no había empezado todo el camino de desarrollo personal y lo vivía como víctima, y conseguí salir adelante, conservando una buena relación con él y haciendo un nuevo círculo de amigos.

Y fue cuando aparecieron en mi vida mis amigos Mariam, Rosana, Fernando, Óscar, Freddy...

Como decía anteriormente el tema del abandono estaba por superar después de esta relación y realmente doy el tema por superado este año 2018 con mi separación con mi última pareja después de 10 años.

Quizás te hayas identificado/a con circunstancias similares...

Me gusta investigar, buscar y fui descubriendo el verdadero motivo de estos reencuentros con estos dos Seres en esta vida, lo evoco en los otros libros.

Antes de venir con mi madre de manera definitiva a Valencia, mi padre que había fallecido años antes, me había aparecido en un sueño y me dio claramente el mensaje siguiente: "No dejes a tu madre". Por lo tanto le comenté a mi madre mis intenciones y como no quería ella quedarse sola en Francia, decidió venirse conmigo en 2006, lo dejó todo por mí, su piso, conocía la ciudad de Valencia, sin embargo, no hablaba español. Pero quería estar con su hija, su hija única, fue un gran sacrificio y lo hizo por mí, "ma petite maman chérie".

Aquí la foto fue tomada en 2012 y mi mamá forma parte de los Seres queridos que ahora me acompañan dentro del equipo de mis Guías, Maestros y Seres queridos de los Registros Akáshicos, de hecho cuando te permites aquietar la mente sin miedos, puedes tú también hablar con tus Seres queridos que ya no están en este plano, cuando lo haces desde el Amor, trabajas con tu mente, llevas tú el control de ella, la mente es una fantástica herramienta, recuerda que no debe ser al revés...

De hecho, mi equipo de los Registros me permitieron vivir un momento precioso e intenso cuando dejó mi madre este plano, estaba en coma y no entendía español, cuando mi equipo me avisó que iba a ser el final, cumplí con su voluntad, quería mi mamá cuando lo hablamos antes que viniera un sacerdote cuando fuese el momento de irse para la Extrema Unción, y cuando empezó a hablar el sacerdote, mi madre que estaba en coma desde hacía unos días, no se movía, de repente cuando el sacerdote empezó hablar en español – bien sabemos que poco importa el idioma - se puso la mano en el corazón y fue un momento tan conmovedor que sabía que estaba haciendo lo correcto. Recuerdo que por la noche tuve un sueño en el que veía que en mi casa había muchos bichos feos que representaban la infección que tenía mi madre, se estaban transformando en mariposas, volando por el suelo, y en el sueño recuerdo que estaba llamando a mi expareja para enseñárselo, y cuando llegó a la habitación ya no quedaba nada. Me estaban anunciando que se iba mi madre de este plano, de hecho la noche que me avisaron sobre las 2h00 de la madrugada, justo me acababa de levantar, fue cuando el hospital de María Moliner de Portacelí me llamó para darme la noticia. Muy agradecida con todo el personal fantástico, que se encargó del bienestar de mi mamá hasta el final. Mi mamá había vuelto a casa.

Viví todo el proceso con mucha serenidad, y antes de entrar en coma pudimos despedirnos, pidiéndonos perdón las dos por todo lo que sabíamos que no habíamos actuado bien y conscientes las dos, de que lo habíamos hecho lo mejor que podíamos en aquel entonces. Poco después de su muerte física, mi madre en sueño me apareció y entendí que había subido, estaba levitando, vestida de blanco y me decía "Ves, ahora no camino, vuelo", mi madre era preciosa... Antes de irse, había sufrido tanto por la infección que cogió en la cadera después de la operación del fémur. Fue su proceso. Quería contar cómo a través de todo el proceso, de todo lo que vivimos nunca estamos solos/as. A mi mamá al contrario de mí, no le gustaba el 13 como número, siempre me lo decía "No me gusta este número", a mí al revés sí porque me marca momentos importantes en mi vida, y el día que se fue, lo entendí, mi mamá se fue el 10 de julio de 2013.

Aquel año 2006, siendo funcionaria de carrera en Francia, profesora de español, me presenté a las oposiciones de francés de la Escuela Oficial de Idiomas de la Comunidad Valenciana, que aprobara o no las oposiciones de francés en la Escuela Oficial de Idiomas de Valencia, teniendo mi plaza definitiva de profesora de español en Francia, lo tenía claro y pasara lo que pasara, este año 2006 ya había tomado la decisión de quedarme de manera definitiva en Valencia, que aprobara o no y con esta dosis de riesgo, con la de la Fe inquebrantable, se cumplió el milagro. Lo tenía muy claro, mi deseo era trabajar en la EOI de Valencia.

Recordemos que "Si haces TU parte, el Universo hace SU parte." Y así fue.

Y de las diez plazas que había, solo cubrieron 8 plazas y la octava era para mí.

Recuerdo que estaba tan determinada a no volver a Francia, que si iba a aprobar la oposición aquí en España, con esta dosis de locura que te sube la adrenalina, puesto que además debíamos entregar sesenta y cuatro unidades didácticas para la prueba oral creo, y no sabía nada de cómo funcionaba la Escuela Oficial de Idiomas, las hice en 3 días, trabajando día y noche, solo lo que tenía claro es que quería enseñar aquí y vivir en esta ciudad que tanto me gustaba, y que había una plaza para mí, quería que para el oral saliera el Teatro y así fue, salió el Teatro. Recuerda, el poder de la mente, y aquel entonces no estaba por el camino del crecimiento personal, pero lo tenía muy claro, y era la vibración muy alta que enviaba y era suficiente. Por eso no dejo de recordártelo a lo largo del libro, utiliza tu mente, lleva tú el control de tus pensamientos, si te vienen pensamientos que no te gustan, cámbialos.

Así fue el 13 de julio de 2006 cuando llegué para quedarme y que fue el día de los resultados, había aprobado. Un 13, para mí esta fecha siempre me marca algo muy importante.... Para mí representan guiños del Universo, que tu equipo está contigo, que te acompaña... Gracias, gracias, gracias se habían cumplido los deseos de mi mente, ya que ahora está en marcha el propósito de los anhelos de mi alma y todo ya está en camino, a través de la escritura. Sin embargo no pude salvar mi relación sentimental con mi ex primera pareja con quien llevaba 16 años y se fue, sintiéndome y viviéndolo desde mi percepción como un abandono. Ahora ya sabes, no es así, es solo la percepción que se tiene y el nivel de conciencia que tienes cuando te pasa todo eso, a eso podríamos añadir la educación que te condiciona a actuar de una manera u otra. Tampoco estábamos ya en la misma vibración y decidió alejarse de mi vida, aunque con estos dos maravillosos hombres conservo una bonita amistad y les estoy muy agradecida, me repito, por todo el proceso que decidimos vivir juntos dentro de nuestros acuerdos de almas antes de venir. Todo pasó así para que a través de lo que me parecía desde mi percepción un abandono que no lo era, todo lo vivido me permitiera crecer, retomar las riendas de mi vida y organizar mi vida sola.

En aquel entonces vivía mis emociones a flor de piel, siendo y viviéndolo como una pobre víctima, por qué me estaba pasando esto, siempre me había portado bien según mis criterios de entonces. Superé esta prueba o por lo menos, lo creía hasta que lo mismo vuelva a aparecer, disfrazado para que lo pueda superar realmente ahora y con mi expareja en marzo de 2018, sí que puedo decir que este año 2018, con todos mis cambios y mi trabajo diario interior de crecimiento personal, sí que he superado el hecho de sentirme abandonada, que el abandono venía en realidad desde mi infancia con lo que relaté antes con mi abuela y que era una percepción mía.

Me repito el abandono en realidad no existe, lo crea tu mente subconsciente que te hace creer todo eso, y que a través del dolor de la pérdida, del abandono, del apego, de tus emociones y sentimientos, te lo hace percibir como tal; si no entras en este dolor, desde la plena conciencia, reconociendo que no hay nada real, que no eres este dolor, este sufrimiento, te pones en situación de observador/a y observas todo este proceso, es cuando puedes realmente sanar, y aceptar todo lo que está pasando y perdonar. Porque conectas con tu verdadera esencia que es Amor, por lo tanto agradeces a todos estos seres que han aceptado desempeñar este papel para tu evolución. Así la comprensión, el perdón, la aceptación te hacen sentir libre, lo que somos todos, seres libres. Y recuerdo que unos años antes, con una gran amiga, que quiero muchísimo, pasé por momentos difíciles para mí porque había vivido nuestro distanciamiento como una gran pérdida, un abandono por su parte y hoy en día, le estoy muy agradecida por el papel que aceptó desempeñar dentro de nuestros acuerdos de almas para que pudiera crecer, madurar, sanar todo lo relacionado con el apego. Gracias, gracias, gracias, querida Hermana de Luz.

Durante el evento de Lain en noviembre de 2017 al conectar conmigo en lo más hondo o con mi niña interior, o si te es difícil entender estos términos de niño/a interior, sencillamente es conectar con esta parte de tu vida de la infancia o adolescencia que fue dolorosa, volver a vivirla de nuevo para poder sanar lo que toca ahora y al prometerle que nunca más, a partir de ahora la vas a abandonar, o hablarte a ti mismo/a, había empezado este proceso de sanación que tenía que llevar a cabo con mi expareja. O simplemente llevas tu atención e intención en este momento de tu infancia, ahí va la energía, la conciencia para el trabajo de sanación. La clave está en el enfoque que tú le das. Seguro que todo lo que te voy contando te resuena por una vivencia parecida que también has vivido. Y de hecho viví esta separación y la superé bastante bien.

En la ciudad de Valencia es donde encuentro mi fuerza, y de hecho a través de los Registros Akáshicos me enteré de que estuve viviendo en esta ciudad en el siglo XV, pleno siglo de Oro valenciano con el comercio de seda. Así que Valencia también es un reencuentro. Hice muchos viajes entre los dos países España-Francia en esta vida, sin embargo mi propósito de vida se encuentra en esta ciudad, empezándolo desde aquí.

También puedes dirigir tus oraciones o preguntas a tus Guías, tus Maestros y tus Seres queridos, no te preocupes que serán atendidas, muchas veces no como esperamos que nos lleguen, pero llegan a través de una conversación, una señal, unas circunstancias, una conversación y mucho más.

B) LOS REGISTROS AKÁSHICOS Y EL MUNDO ANGÉLICO EN TU VIDA COTIDIANA.

Debes recordar y lo sabes en lo más hondo de tu ser, que nunca estamos solos/as, siempre estamos acompañados/as. Si estás en el momento presente y no tienes tus pensamientos errando en el pasado o en el futuro, te darás cuenta de que nunca estás solo/a, siempre estás acompañado/a, guiado/a, siempre si llevas tu atención en este momento único y especial que es el Aquí y Ahora, te llegará lo que quieras saber con respecto a tus preguntas o pensamientos del momento, toma el control de tu mente, no te dejes llevar por ella, sé consciente de tus pensamientos y si no te gustan, cámbialos, y entonces dejarás una puerta abierta para poder ver estas combinaciones numéricas enviadas por los ángeles entre otras señales para comunicarte lo que toca, o te llegarán cualquier otro tipo de mensajes., poco importa la forma lo importante es el contenido, y te llegará según tu grado de conciencia para ser perfectamente entendido por ti.

Un poco más adelante iré evocando más estas secuencias numéricas de los ángeles y la interpretación hecha por Doreen Virtue, que me parece fantástica, me ha ayudado mucho y nos ayudan a muchos de nosotros y también a ti.

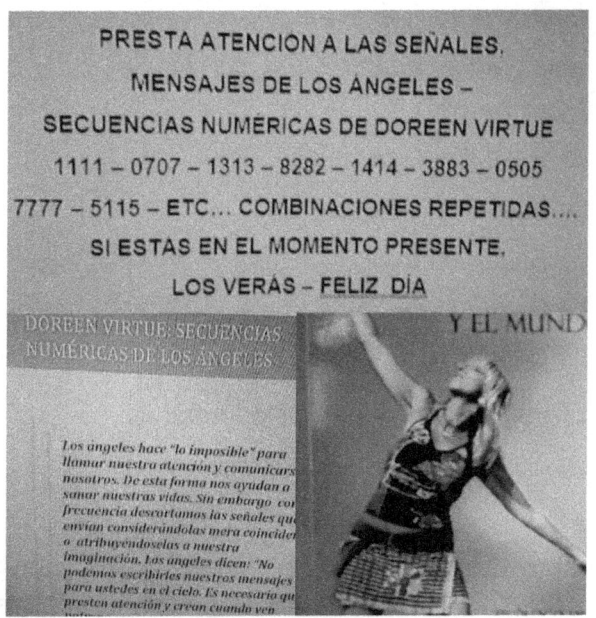

Y esta relación con el Mundo angélico o de los Maestros no es de nuestro periodo en el que nos encontramos ahora, sino que es mucho más remoto. Aquí en esta parte de este libro voy a hacer referencia a varios libros que te encantarán leer si quieres saber mucho más acerca de la colaboración de la raza humana con el Quinto Reino. Hubo una colaboración con este reino en la época Lemuriana, y Atlántida con los ángeles. Entre las lecturas que te recomiendo está el libro de *La luz diamantina* de mi instructor de Raja Yoga Meditación Francisco Redondo Mithila, quien hizo al escribir este libro como una recopilación o resumen más asequible para entender mejor todo el proceso de evolución de todo lo que es la física cuántica, metafísica a nivel espiritual.

Es importante hacer un breve resumen de dónde procedemos dentro de nuestro proceso evolutivo.

Así según lo que viene mencionando, se podría dividir de esta manera:

como bien explica Francisco las Razas o Evoluciones humanas que serían:
1. La Raza Protoplasmática.
2. La raza Hiperbórea.
3. La Raza Lemur.
4. La Raza Atlante.
5. La Raza Aria, la actual.
6. La futura Raza que se está formando.
7. La última raza "Perfecto Hombre-Divino".

De hecho, Cristina Escalada, autora de muchos libros como *Metafísica, Un curso de ángeles, Un proceso llamado muerte*..., aquí hace un breve resumen acerca de las características de estas civilizaciones de donde procedemos en una página de presentación de Internet, en nuestras anteriores reencarnaciones habiendo trabajado ciertos aspectos.

"Cada raza ha ido evolucionando y encarnado en el planeta Tierra primero como una raza-raíz y después en sub-razas, pudiendo experimentar así desde muchos ámbitos de conocimiento."

RAZA LEMURIANA:

"De las dos primeras razas no hay mucha información ya que el ser humano aún no tenía conciencia y era algo así como un animal en evolución, pero si podemos hablar de una civilización altamente desarrollada, la tercera raza y sus sub-razas, llamada Lemuria, (actualmente bajo las profundidades del océano pacífico)."

Se dice que "los Lemurianos eran parecidos físicamente al hombre moderno. Basaban su civilización en la cooperación y en la creatividad y consiguieron una sociedad prácticamente sin conflictos, sin delincuencia y sin guerra. Eran vegetarianos y tenían altamente desarrollados la intuición, los sentidos psíquicos y la telepatía que eran aplicados como cosa natural en su día a día. Creían en el poder de la mente sobre la materia y creaban su "realidad" con técnicas de pensamientos. Eran expertos en la manifestación. Se dice que hasta el día de hoy, fue la civilización más sabia y desarrollada espiritualmente."

La raza Atlante:

"Con la llegada de la cuarta raza, civilización Atlante, y sus sub-razas, tuvieron que convivir durante varias encarnaciones hasta que la civilización Lemuriana diera paso totalmente a la Atlante." Hubo conflictos y la intervención de otras culturas extraterrestres; "después de guerras y destrucción sobrevino la destrucción de estos continentes quedando en el fondo del océano. Pero sí se dice que estos dos continentes, estas dos civilizaciones - Lemuria y Atlántida - es lo que se llamó Moo (MU). Ambas durante esa época gozaban de gran sabiduría, los Lemurianos eran más espirituales y los Atlantes más científicos y cada civilización es su naturaleza cooperaba directamente con el mundo angélico que tenían un relevante papel en sus jerarquías y los Maestros"

¿Me vas a preguntar cuál es la relación entre estas razas evocadas aquí y el mundo angélico?

Atlántida y los ángeles:

"Atlantis era la capital de los Atlantes y estaba construida en círculos sobre una extensa colina. Cada círculo estaba separado por un muro y cada muro tenía la vibración y la energía de una determinada piedra preciosa y de un Ángel. También su templo principal era lo que llamaban el Santuario Interior y es la analogía de nuestro propio santuario. En el Templo había seis rayos que dibujaban la Estrella de seis puntas y alrededor de la estrella doce varas formadas con piedras preciosas de gran tamaño (casi un metro) y que estaban dispuestas a modo de círculo rodeando la estrella. A cada una de estas piedras se le había otorgado un ángel, que en total eran 144, con la misión de protegerles e instruirles.

En el interior del templo se realizaban las sanaciones.

Cada columna de piedras con unos atributos, cada columna formaba un reino regido por un rey y un ángel y cada ángel con un don divino. Se utilizaban sellos, piedras y el poder mental.

Todo un mundo maravilloso.

Creo que es momento de recuperar esos dones que, en forma de códigos de luz, tenemos a nuestra disposición en el ADN."

Un pequeño paréntesis, recuerdo que cuando hicimos hace unos años un viaje retiro a Montserrat, Cataluña, España, organizado por Francisco Redondo y Amparo Alcaide su esposa, sitio sagrado por excelencia donde suelen pasar fenómenos sobrenaturales y lugares preciosos de la Naturaleza, me encontré ahí una estrella de 6 puntas, y lo interpreté en aquel entonces como una señal de que iba en aquel entonces por buen camino. Fue hace tres años si no me equivoco. Por qué estoy rememorando este hecho y recuerdo aquí, porque simplemente me ha venido a la mente como que había estado por aquí en otro momento, no en esta vida que he estado dos veces, y la verdad madrugaba durante este último viaje para ir a meditar al mismo sitio los días que hemos estado ahí para el retiro. Otro guiño del Universo, así me llegó. Me iba a meditar por la zona muy temprano por la mañana y la verdad, sentía mucha paz, mucha tranquilidad, estaba realmente muy serena.

La estrella de seis puntas tuvo en origen un sentido mágico: se colgaba en las paredes para ahuyentar a los malos espíritus, y los alquimistas la usaban para representar la conexión entre cielo y tierra; ahí estamos evocando el tema de la Unidad, del que hablábamos al principio del libro y cuyo sentido se entiende plenamente hoy en día con la portada de mi libro y el mensaje que encierra, que no hay separación sino Unidad, todos somos Uno con el universo, Unión Cielo Tierra.

Lo que viene entre comillas son reflexiones sobre estas diferentes razas que hizo Cristina Escalada en Internet.

Raza Aria:

"Hoy en día formamos parte de la quinta raza. La raza aria, que se compone de todas las razas presentes."

Sin embargo para seguir comentando lo que nos interesa en cuanto al mundo angélico, comentaría que hoy en día siempre nos acompañan y esperan una señal por nuestra parte que les solicitemos para guiarnos, sin embargo, al dejarnos llevar por el control que tiene nuestra mente sobre nosotros, lo que de hecho no debería ser así, más de una vez los devas o ángeles nos envían señales que se pueden manifestar de varias maneras como por ejemplo, cuando nos aparecen objetos como plumas o cristales, o aromas dulces, o también sonidos, o encontrar imágenes de ángeles, su nombre en los carteles o dibujos, sin olvidar los números que son muy significativos, así llaman nuestra atención sobre los mensajes que nos quieren hacer llegar. Y la verdad cuando vemos estas señales de los ángeles dentro de nuestro nivel de conciencia, estamos en el momento presente.

Cuando hablamos de los números, hacemos referencia a Doreen Virtue y a sus libros *Secuencias numéricas de los ángeles* y *Números de los ángeles* donde explica que los números y las combinaciones numéricas que se repiten son utilizados por los seres angélicos para comunicarse con la Humanidad y enviar así señales.

Acerca de la autora, tiene una licenciatura, maestría y doctorado en consejería psicológica y siempre ha trabajado con la realidad angelical. Ha escrito *Sanando con los ángeles*, y es autora de cartas de oráculo como *Los Arcángeles, Los Maestros Ascendidos, Sanando con los ángeles*, cartas que tengo y que me gustan consultar. También escribe en varias columnas de revistas, estuvo realizando presentaciones en radios, televisiones, CNN, The View.

Por ejemplo, a muchos seres se les aparecen la repetición de un mismo número de 0 a 9, que sea el 1111, o el 555, el 3333...

Sin embargo, pueden aparecer combinaciones de dos números repetidos. A continuación vamos a evocar unos ejemplos extraídos de su libro o de la página web que se titula: Wabblalogía *Secuencia numérica de ángeles* de Doreen Virtue.

Aquí está el link, puedes consultarlo porque no creo que lo cambien, si fuera el caso el título es *Secuencias numéricas de los ángeles de* Doreen Virtue:

https://wabbblalogia.com/2013/07/16/doreen-virtue-secuencias-numericas-de-los-angeles/

Así por ejemplo te puede aparecer:

555: ¡Enormes cambios están haciendo resonando en toda tu vida! Mantén estos cambios en el curso más alto posible, asegúrate de mantener pensamientos positivos y de estar centrado(a) en la oración y afirmaciones positivas.

111: Este número te trae el urgente mensaje de que tus pensamientos se manifiestan de manera instantánea; así que mantén tu mentalidad enfocada en tus aspiraciones. Déjale los pensamientos temerosos al Cielo para su transmutación.

Más ejemplos extraídos de su libro:

11, 111 o 1111 — Monitorea cuidadosamente tus pensamientos, y asegúrate de pensar solamente lo que deseas, no lo que no deseas. Esta secuencia es un signo de que hay un portal de oportunidad desplegándose, y tus pensamientos se están manifestando en lo físico a velocidades récord. El 111 es como la luz brillante de un foco. Significa que el universo ha tomado una instantánea de tus pensamientos y los está manifestando en lo físico. ¿Estás complacido con los pensamientos que el universo ha capturado? Si no, corrige tus pensamientos (pide que te ayuden tus ángeles con esto si tienes dificultades para controlar o monitorear tus pensamientos).

77, 777 o 7777 – ¡Los ángeles te aplauden! Felicidades, ¡estás en el camino! Sigue haciendo un buen trabajo y sabe que tu deseo está haciéndose realidad. Este es un signo extremadamente positivo y significa que también deberías esperar que ocurran más milagros.

Este tipo de combinaciones pueden aparecer en las placas de matrícula de los coches, en los móviles, así repetidos como 1313, 8282, etc...

1's y 3's, como 133 o 113 – Los maestros ascendidos están trabajando contigo en tus procesos de pensamiento. De muchas formas, están actuando como mentores, enseñándote el conocimiento antiguo que se relaciona con la manifestación. Te están enviando energía para que no te sientas desanimado, y el valor de estar enfocado en las metas verdaderas de tu alma. Adicionalmente, los maestros ascendidos pueden estar ofreciéndote consejo, guía y sugerencias en el propósito de tu vida. Siempre, sin embargo, te enseñan que cada creación comienza al nivel de un pensamiento o idea. Pídeles que te enseñen a elegir sabiamente eso que deseas.

O de la manera siguiente 3232 o 2323, o también 2332, siendo el mismo mensaje, cuya interpretación de Doreen Virtue se pueden encontrar en su libro.

3's y 2's, como 322 o 332 – Los Maestros Ascendidos están trabajando contigo como cocreadores de tu nuevo proyecto. Te están diciendo que comparten tu emoción y que sabe que todo está resolviéndose bien para ti. Los Maestros pueden ver que ya está garantizado que tu futuro será colmado con la felicidad que buscas. ¡Disfruta de esta nueva fase de tu vida!

8's y 2's, como 822 u 882 – Una puerta está comenzando a abrirse, y otra puerta está comenzando a cerrarse. Asegúrate de escuchar a tu intuición muy atentamente ahora, porque te guiará a que tomes medidas que te asegurarán abundancia estable durante estas transiciones.

Cuando se habla de los Maestros Ascendidos te puedes preguntar quiénes son en realidad, así para darte algunos nombre está el Maestro Jesús, el Maestro Saint-Germain, el Maestro Kuthumi, el Maestro Serapis Bey, la Maestra Lady Nada, el Maestro Kuan Yin, Maestro Confucio, San

Pablo, San Hilarion, Maestra Palhas Atenea, Maestra Lady Rowena, Maestro Pablo el Veneciano, Maestro El Morya, Maestra Madre María, el Maestro Paramahansa Yogananda, el Maestro Melquisedec, Ganesh, el Maestro el Rey Salomón, el Maestro Babaji, el Maestro Ragoczy, el Maestro Jesús, el Maestro Siddhartha Gautama Buda, el Maestro Moisés, Vishnu, Lakshmi, el Maestro Francisco, el Arcángel Miguel... y la lista no se para aquí.

Os invito a consultar esta página en Internet en la que la lista es bastante completa:

https://www.canalizandoluz.es/listado-de-maestros-ascendidos/

De hecho, dentro de mi proceso de crecimiento personal y de sanación, desde junio de 2018 estoy viviendo en el barrio de la Virgen de los Desamparados en Valencia, España, otro guiño del Universo porque la Maestra Ascendida Madre María es llena de Gracia y Madre de Misericordia. Representa el Amor, muchas veces viene acompañada de la Luna y de la Tierra, afecta los mares, al agua, simboliza la intuición y los sentimientos divinos.

Representa cambios en el mundo, muerte, espiritualidad transformación. Recibe el Rayo de Iluminación directamente del Padre y lo manifiesta a través de la materia.

Recuerda que es la Madre del Mundo, la naturaleza, es una guía, trabaja desde otro plano de existencia para que los Seres humanos hagan el bien, encuentren consuelo, que sean humildades, sencillos y fuertes ante las adversidades de la vida.

Se nos viene muy bien resumido en la página siguiente en Internet: https://hermandadblanca.org/maestro-ascendido-madre-maria-la-portadora-del-rayo-verde/

Es la portadora de la Llama Verde junto con el Arcángel Rafael, defendiendo la Verdad, llevando comida al necesitado y sanación a los enfermos.

No es por casualidad que esté viviendo en este barrio en este momento de mi vida, de hecho, mi deseo es ir a la Ofrenda de Flores este año sobre el 17 de marzo durante las Fallas 2019 y todo se ha puesto en marcha para que una alumna del Club de conversación y amiga se ofrezca prestarme un traje de fallera para este día. Me siento amada, protegida, agradecida como todos nosotros aquí en la Tierra. Y me alegro de poder verlo desde la plena conciencia. Un hecho dentro de mi proceso me sucedió 8 de diciembre de 2018, día de la Inmaculada Concepción justamente en la casa del barrio donde vivo y que lleva el mismo nombre, el de la Virgen de los Desamparados. Representa el Amor y a través de mi perra Tara, cobro todo su sentido y me lo enseñó mi perra, lo voy contando en el otro libro. Me ayudaron a sanar, ahora me toca ayudar a otros Seres en su proceso.

Yo también he venido a sanar aquí en este barrio todos los males emocional, psíquico, mental, físico etérico y espiritual.

Me entra una emoción muy grande al escribir estas líneas y al hacerme consciente de todo el proceso. Y de hecho la parroquia de la Pasión del Señor y de Santa Gemma Galgani, cuya obra social se llama Santa Genoveva, otro ejemplo para que veas que son señales que te llevan al sitio que es para ti y tu propósito, dependiendo de la residencia de personas mayores que se llama Nuestra Señora de los Desamparados Religiosas angélicas significa que estoy donde toca estar para mi proceso de sanación. Aquí en este barrio he venido a sanar, protegida en cada momento como todos nosotros por mi equipo, para empezar Nuevos comienzos y ayudar a la parroquia y su obra social con la venta de los libros en la gran labor que el Padre José Mari, las Religiosas, los Voluntarios están proporcionando. Gracias, gracias, gracias...

Aquí mi equipo me ha llevado y muy agradecida me siento.

Siempre el mundo angelical está presente, si necesitáis una ayuda con respecto a encontrar un objeto, un papel, o algo bloqueado que no funciona, podéis solicitar a los ángeles, nos ayudan. Muchas personas se quedan muy escépticas al respecto, aquí no se trata de convencer a nadie, como bien dice Lain pruébalo por ti mismo/a y te darás cuenta.

En *Un nuevo amanecer*, dediqué estos versos al mundo angélico:

EL MUNDO ANGELICAL

Desde el comienzo de los tiempos siempre han estado presentes,
estábamos conectados con esta vibración de energías angelicales,
y estábamos muy unidos y conectados con los ángeles,
Seres de luz encargados de difundir amor, guiarnos
y protegernos.
Y si prestas atención, si simplemente escuchas,
entonces su voz oirás.
Están con nosotros para ayudarnos,
y nos olvidamos de ellos;
están esperando una señal nuestra,
para mostrarnos el camino y servirnos de guía.
Si los buscas es que de cierta manera,
hacia tu sendero espiritual te llevan con armonía.
Y tu mente

es como consciente
de este sendero hacia tu interior,
para expresarlo hacia tu mundo exterior;
para que tomes conciencia de quién eres realmente:
un magnífico Ser de Luz y así que se manifieste
todo lo que eres sencillamente:
tu esencia y existencia,
porque eres Amor, Luz, Salud, Armonía, Abundancia,
Un Ser que nada y nadie detiene,
que escucha y libera toda la sabiduría interior del ser libre.
No olvidemos que estamos aquí para conectar con nuestra alma,
y más allá,
con nuestro Ser para que libremente
en nosotros se exprese,
ya que cuando volvamos a casa,
nos iremos sin ninguna pertenencia,
solo la del aprendizaje, la de la evolución, la de la enseñanza,
la de la sabiduría de nuestra alma,
para prepararnos hacia lo que es nuestra meta:
ser maestros algún día.
Si cierras los ojos y escuchas,
Algún sonido oirás...
Me siento agradecida
Por saber y sentir que estáis muy cerca.

Para volver al tema de las otras dos razas después de la raza aria que están por llegar, serían razas que se acercan a la perfección divino, a los Seres divinos que somos, sobre todo la última raza y no tenemos más información al respecto. Después del Reino Humano, es el Reino Espiritual, en cuanto a la evolución después del Reino mineral, vegetal, animal, humano y espiritual.

Me gustaría compartir esta cita de Osho:

"Una nueva humanidad tiene que nacer. Hay que empezar con un nuevo tipo de seres humanos iluminados, no hay otra posibilidad. El nuevo hombre iluminado anuncia el principio de una nueva historia, una nueva humanidad, una nueva esperanza, un nuevo porvenir."

La verdad es que en mi vida cotidiana los ángeles están muy presentes y me dirijo a ellos. Y te ayudan y guían, y te pueden aliviar mucho, solo que nos olvidamos de su presencia, queremos controlarlo todo, la mente nos lleva y es importante parar para ser más observador/a y colaborar con ellos.

De ahí lo importante de esta Era de Acuario la cooperación, la colaboración, el trabajo de equipo entre todos para crear un mundo mejor..., aquí en el plano terrenal y también en el plano espiritual. Esta Unidad como de manera instintiva hice esta pause para el final del videoclip de Baila para ti que he cogido para la portada del primer libro, esta Unidad Cielo Tierra para recordar que no hay separación. Y no es utópico, sí se puede..., así reconocemos nuestra verdadera esencia...

C) REALMENTE ¿QUIÉNES SON LOS ARCÁNGELES Y ÁNGELES?

Una conexión que te puede ayudar como me ayuda a mí cada día, es una pequeña oración dirigida al Arcángel y a sus legiones de ángeles que corresponde a un día de la semana. Te pueden aportar claridad o respuestas según cómo va dirigida tu atención e intención.

Así si empezamos por el lunes, podemos invocar al Arcángel Jofiel y a su llama de color amarilla, es el Arcángel que se encarga de transmitir la Iluminación y la sabiduría, se le relaciona con los estudiantes. Su nombre significa "Luz de Dios". Si necesitas claridad mental, iluminación y sabiduría, no dudes en invocarlo. Así si tú también quieres invocar a este Arcángel puedes decir la oración siguiente:

"Yo te invoco, Arcángel Jofiel, para que con tus legiones de ángeles de color amarillo me traigas claridad mental y sabiduría."

Me introdujo al mundo de los Arcángeles y Ángeles Mar Almódovar, siempre muy presente aunque ya no esté con nosotros en este plano y he seguido profundizando todo el mundo angélico con Diana.

En cuanto al martes, se refiere al Arcángel Chamuel y a su llama de color rosa. Su nombre significa "El que ve a Dios o El que busca a Dios" o "El Arcángel del Amor". Las cualidades que lo caracterizan son el Amor incondicional, la compasión, la creatividad, el perdón, la sinceridad, la dedicación o el servicio a los demás.

La energía rosa es una de las más importantes de las energías del Universo, dado que sustenta al Universo y "sin amor, no podría haber Unión" y como bien dice en su página, el autor de Mundo pránico, <u>"sin unión no existiría el Universo"</u>. Así "esta energía rosa trae a este mundo el don del amor puro." Así si tú también quieres invocar a este Arcángel, puedes decir la oración siguiente:

"Yo te invoco, Arcángel Chamuel, para que con tus legiones de ángeles de color rosa me traigas Amor incondicional, Compasión, Creatividad, Perdón y Servicio a los demás."

Se trata el miércoles del Arcángel Gabriel, y su llama es de color blanco. Su nombre significa "Hombre de Dios, Fuerza de Dios, Héroe de Dios o la Humanidad de Dios." Es el Ángel de la Verdad, de la Anunciación, de la Resurrección, de la Misericordia, de la Revelación y de la Muerte. Es el mensajero de Dios. Lleva una lanza y es el Jefe de los Querubines. "Donde él va lleva el paraíso por un rato".

Se le llama para tomar decisiones de tipo espiritual y se ocupa del pasaje de las almas al cielo.

Me gustaría citar lo que se dice de él en la página web del Mundo pránico sobre este Arcángel:

"El Arcángel Gabriel representa el principio del todo y el final, la muerte y la resurrección, hacer nuestro proceso álmico y volver a reencarnar para nuestra evolución hacia el Amor, hacia la Unicidad."

Lo puedes invocar, diciendo "Yo te invoco, Arcángel Gabriel, así como tus legiones de ángeles blancos para que me limpies, me purifiques y me pongas en todo momento en el camino correcto."

Se le puede invocar en momentos de profundos abatimientos, para la elevación espiritual y pureza. Es el ángel de los cambios y de las modificaciones. Si deseas realizar cambios provechosos en tu vida, como por ejemplo una nueva casa, nuevos estudios, una nueva relación..., lo puedes invocar.

Al jueves se le relaciona el Arcángel Rafael y a sus legiones de ángeles verdes. El color verde es el color de la naturaleza, de la sanación, de la esperanza y de la regeneración. Todas estas cualidades hacen referencia a la curación del ser humano y de la Tierra. Su nombre significa "Medicina de Dios, el poder sanador de Dios." "Dios cura". Es el Arcángel de la Salud física, emocional, mental y espiritual y de la sanación, también siempre se encarga de la protección de los viajeros y el poder de la vista y la visión de la Vista. Es la fuerza oculta tras toda curación. Es el Jefe de las Dominaciones y Jefe de los Ángeles de la Guarda. Es el más elegante. Se ocupa de los peregrinos. Lleva una vara de peregrino, sandalias, un odre de agua y una alforja. Aquí he ido evocando las aportaciones dadas por Diana Solaz en su Taller sobre el mundo angélico.

"Representa el aspecto de Dios que ayuda al ser humano a mantener en equilibrio las emociones y la salud del cuerpo. Es el jefe de los Ángeles sanadores". (Mundo pránico).

Podría contar muchas anécdotas personales que me pasaron y relacionadas con este Arcángel: unas caídas o torceduras, doliéndome muchísimo e invocar al Arcángel Rafael y a sus legiones de ángeles verdes para que me ayudaran en mi proceso instantáneo de curación y así fue. Cuando hago un tratamiento de sanación de Reiki o con el Método Yuen, invoco al Arcángel Rafael y a sus legiones de ángeles verdes para que me guíen y acompañen en el proceso de sanación para mí u otra persona, sin olvidar agradecer al final su ayuda. Con la invocación al Arcángel Rafael y a sus legiones de ángeles verdes, también me dirijo a mis células, mis átomos, mis moléculas, mis partículas cuánticas, pidiendo sanación completa llevando mi atención y mi intención de sanar y es un trabajo en colaboración que da resultados muy buenos de sanación completa. Recuerda, lo que evocamos, la importancia del *enfoque,* donde va la atención y la intención, va la energía y se expande.

"Gracias, gracias, gracias por guiarme y acompañarme en todo el proceso." Es mi frase final.

Su invocación sería: "Yo te invoco, Arcángel Rafael, así como tus legiones de ángeles verdes para que me traigas la Salud completa y la Verdad de Dios."

Siempre están y nos acompañan, nunca estamos solos/as.

De hecho, hace poco me apareció en la matrícula de un coche, que llamó mi atención el mensaje siguiente:

4's y 8's, como 488 o 448 –Si estás viendo repetidamente combinaciones de 4's y 8's, este es un mensaje de tus ángeles de que una fase de tu vida está a punto de terminar. Quieren que sepas que mientras las cosas se retrasan, ellos están contigo y te estarán ayudando a guiarte a una nueva situación mejor ajustada a tus necesidades.

Y efectivamente hay un pequeño retraso en mi propósito de vida, me confirman que voy por buen camino y que no estoy sola.

Más anécdotas podría evocar, hablando del Arcángel Rafael y de sus legiones de ángeles verdes a nivel de salud. Estando en la calle, sufrí una caída y me hice daño en una rodilla, con un dolor inmenso. Paré, me senté y estaba con una amiga, le dije: "Vamos a quedarnos unos instantes aquí" y mentalmente invoqué al Arcángel Rafael y a sus legiones de ángeles verdes para que me ayudaran en el proceso de recuperación, pedí sanación completa con mis manos encima de la rodilla que me dolía, con nuestra mente creativa, imaginando cómo intervenía en el proceso de sanación, quitándome el dolor, la molestia con la orden y colaboración con mis células, átomos, moléculas y partículas cuánticas para que cumplieran con su función de sanarme y volver a la Salud completa, sin olvidar de agradecer al final todo el proceso con gracias, gracias, gracias.

Y me dirigí directamente "a mis células, átomos, moléculas, partículas cuánticas, pidiéndoles que cumplieran con su función y que volviera a encontrar la Salud completa en esta zona, nombrándola y llevando mi atención y mi intención hacia esta zona, así se expande la energía donde llevas tu atención e intención". Y me recuperé, si quieres comprobarlo por ti mismo/a, teniendo Fe en lo que estás haciendo, ahí está el resultado de la Manifestación. Me repito, pero es importante que se entienda bien el proceso. Lo importante es el enfoque.

Son vivencias, la verdad, muy intensas, vividas desde mi fe y muy consciente de todo el proceso, viendo de hecho resultados satisfactorios, dado que no podré decir exactamente ahora después de cuantos minutos, pero en una media hora estaba de pie como si no hubiera pasado nada. Podría contar más anécdotas cuando me hice unos esguinces, un flemón desapareció, después de invocar antes de ir a dormir al Arcángel Rafael y sus legiones de ángeles verdes, así como dirigirme a mis células, átomos, moléculas y partículas cuánticas, lo que te recuerdo hacer, dado que bien lo sabe tu alma, donde "va la atención y la intención, va la energía y se expande", forma parte de Las leyes Universales y bien nos lo recuerda Lain y Francisco y también Clania en Yin Yoga.

En cuanto al viernes se trata del día del Arcángel Uriel y de sus legiones de ángeles de color oro rubí. Es el Arcángel de la prosperidad, de la riqueza y de la Abundancia divina. También está relacionado con nuestro plano mental.

Su nombre significa "El fuego de Dios, Llama de Dios o Luz de Dios." Viene representado con una llama de fuego que representa su misión de despertar la conciencia de los seres humanos en el fuego de la Verdad. Transmite a los humanos la Luz del Conocimiento Divino. Es el Jefe de los Principados. Se le llama para los problemas de soledad y los problemas de Amor. Se le puede invocar diciendo: "Yo te invoco, Arcángel Uriel, así como tus legiones de ángeles de color oro rubí, para que me traigas la paz, la provisión y todo aquello que necesite para solucionar mis problemas." Estas oraciones evocadas me las enseñó Mar.

Me gustaría compartir con vosotros dos pequeñas anécdotas que me pasaron el año pasado, simplemente para tomar conciencia de que siempre nos acompañan los Arcángeles y sus legiones de ángeles para guiarnos, ayudarnos en todo nuestro proceso.

Entonces estaba haciendo por Internet a través del vídeo de Prosperidad Universal que se titula *Invocación poderosa Arcángel Uriel de 21 días*, la oración dirigida al Arcángel, solicitando su ayuda para resolver algo relacionado con lo económico. Y en el vídeo aparecen como unas estrellitas que cuando se nombra al Arcángel, se pueden ver. Recuerdo perfectamente que estaba dando un paseo con mi perra Tara, cuando de repente me veo con estas mismas estrellas justo delante de mí. Me sorprendió muchísimo, sin embargo, no caí en el momento, solo agradecí al Universo lo que estaba viendo, porque la verdad era precioso. Te recuerdo que cuando te pasa esto desde el nivel de conciencia en el que te encuentras, realmente estás en el momento presente, no perdido/a en tus pensamientos, no errando en el pasado o en el futuro, Y volví a casa. Al cabo de unas horas, estaba en casa y vino el cartero con un telegrama, nunca había recibido hasta ese día un telegrama en mi vida, también me sorprendió muchísimo y resulta que era una carta de la Ciudad de la Justica de Valencia que me comunicaban que me iban a devolver un poco más de 500 euros que había pagado de más. ¡Qué sorpresa!

Algo completamente inesperado, un milagro. No relacioné este hecho con las estrellitas que había visto unas horas antes, fue cuando por la noche hice la oración o invocación del Arcángel Uriel, al ver el vídeo con las estrellitas que entendí. Había agradecido antes lo que me había pasado con el telegrama, y cuando vi y sobre todo entendí que me había aparecido para avisarme de cierta manera, mi corazón se llenó de una profunda gratitud, algo mágico, un verdadero milagro.

Aquí tienes otro ejemplo de nuestra colaboración.

Te cuento todo eso para que te des cuenta de que sí estás realmente viviendo tu vida, en el momento presente, no errando en el pasado o en el futuro, tú también puedes ver, y vivir estas vivencias.

En las páginas donde aparecen oraciones espirituales mensajes cuya función es interpelarnos como *El camino hacia la Luz, Vivir para volar, Resonancia vibracional, o la página de Daniel de Wishlet que me encanta*, etc... se pueden encontrar mensajes como este:

"La magia se encuentra allí donde pones la atención."

En el preciso momento en el que estoy escribiendo estas líneas, es decir domingo 29 de julio de 2018 a las 19h19, me llega este mensaje de los ángeles que comparto con vosotros, para recordaros que si prestáis atención y estáis en el momento presente, ocurren para todos lo que os cuento ahora dentro del proceso evolutivo de cada uno... 19 19 con la hora..., solo debes prestar atención, estar en el momento presente, como observador/a...

Es lo siguiente: *"1's y 9's, como 119 o 991 – Se ha abierto un nuevo portal para ti como resultado de tus pensamientos. Tienes la oportunidad de ver tus pensamientos en tu rostro y estar ojo con ojo con tus propias creaciones. Deja que lo viejo caiga, porque será reemplazado con lo nuevo de acuerdo a tus deseos.*

Todo eso para recordaros que si nos anclamos en el momento presente, que enfoquemos bien nuestros pensamientos hacia lo que queremos, los ángeles nos indican que vamos por buen camino, nos animan y si no estás bien enfocado/a, también con otros números también te avisan. Con otra serie de números nos pueden llamar la atención, diciéndonos que nos desvíanos de nuestros objetivos. Si estamos atentos, presentes desde la plena conciencia, vemos lo que nos toca ver y es de gran ayuda. De ahí es importante entender que nuestros pensamientos son vitales, fundamentales.

Cuando se nos dice que todos somos responsables del porvenir de nuestro planeta, ahí está. Sí que lo somos. Si estamos en una vibración de queja de las cosas que nos está pasando, lamentándonos todo el día, con pensamientos negativos, y si vienen acompañados con la palabra por decirlo o decretarlo y los pensamientos, no estamos enviando nada bueno como vibración y recibimos lo que damos, Ley universal del Dar y Recibir... Y si a la palabra, a los pensamientos añadimos las emociones de tristeza por lo evocado, eso es lo que el ser humano envía al Universo y todo esto afecta nuestro planeta, de ahí nuestra gran Responsabilidad al respecto.

Cuida de tus pensamientos, de tus palabras y de tus emociones, eleva la vibración. Imagina que todo esto está multiplicado por todos los habitantes del planeta, si hacemos bien las cosas, si hacemos todo lo correcto, la Salud de nuestra Madre Tierra estará mucho mejor, es cierto a eso habría que añadir más hechos, pero solo al evocar esto y mejorando nuestra actitud, es un gran paso y es lo que podemos hacer todos a nivel individual.

En cuanto a la segunda anécdota, también relacionada con el Arcángel Uriel unos meses después, solicitando su ayuda para que me guiara hacia cómo recordar la Manifestación, que se manifestara en el plano físico lo que pensaba en el supramental, pero que la mente subconsciente me filtraba por no entrar en su sistema de creencias aprendidas y que no son mías son aprendidas y repetidas, una y otra vez dado que no se superaban hasta ahora. Así solicité al Arcángel Uriel que me diera una respuesta sobre mi situación y en medio de la noche, recuerdo que hacía mucho aire, me desperté y en el pasillo, me encontré el papel de una afirmación que hacía tiempo había escrito lo siguiente, y ahí tenía como respuesta:

"Toda creencia de escasez es eliminada de mi mente, ya que reconozco en mí la divinidad de Dios como sustento de todas mis necesidades."

Es con esta afirmación que he empezado el libro porque es la clave de todo, por lo menos lo que he venido a romper y probablemente tú también si te ves con dificultades económicas.

Ahí estaba mi respuesta.

Y venía apuntado un mantra - me encantan los mantras, también evocado al principio del libro.

Así el mensaje del Arcángel Uriel era muy claro, que debía trabajar con mis pensamientos y eliminar de mi mente esta creencia limitante que es la del miedo a la escasez, que me cierran las puertas de la Abundancia y la Prosperidad.

<u>Me estaba diciendo que me enfrentara a mis miedos, reconociendo el Ser divino que Yo soy, y de ahí sale la Manifestación como bien nos lo recuerda Lain, según "Tu Fe se te será dado."</u>

Entendí el mensaje, sin embargo, no me libré ese día de esta creencia limitante y la verdad realmente mi trabajo de sanación, de comprensión, de entendimiento, de discernimiento o inteligencia divina, no lo veía entonces, sino ahora mientras sigo escribiendo estas líneas, en la fase como digo de "pulir" lo escrito, te das cuentas al hacerlo de más cosas, viéndolo desde este trabajo de sanación que te permite hacer la escritura y la conciencia.

Y mientras estoy repasando, puliendo el libro, el Universo es sabio, porque en todo este proceso de escritura con los vídeos que hace Lain y mis clases de Raja Yoga, Meditación con Francisco con nuestras charlas es exactamente lo que estoy viviendo en este preciso momento, lo de soltar, de confiar plenamente en Mí, lo que repito a mis alumnos cuando se ven en situaciones de exámenes que les crean un gran estrés, y así te das cuenta de que es fácil recordarlo a los demás porque te sabes la teoría, y cuando se trata de aplicarla para ti, te ves con tus propios demonios que no te dejan y te olvidas que eres más fuerte que tus miedos, eres una Divinidad. Qué te puede pasar, nada, absolutamente nada, si haces todo lo contrario de lo que has hecho hasta ahora, arriesgándote en el intento, confiando, consciente de que Tú has hecho Tu parte y la has hecho lo mejor que has podido, y que la verdad lo podrías hacer aún mejor, todo ha de salir divinamente bien, porque has vencido tus miedos, que realmente no existen sino en tu mente, que es tu propia cárcel, pero debías pasar por todas estas experiencias que has repetido una y otra vez, de manera inconsciente y después también de manera consciente, viendo una y otra vez cara a cara tu verdadero miedo. Y te entra una risa nerviosa porque te dices, parece tan obvio.

Mientras sigas creyendo que lo que vives con tus dificultades y tus creencias limitantes, tus preocupaciones lo percibes como real para ti y que en realidad no lo es, no podrás superar esta prueba como me pasó con los mensajes que me daban el arcángel Uriel. Como bien explica Lain, tienes que darle la espalda a los reflejos de tu mente subconsciente que te hace ver un mundo que tú crees como real y no lo es, para centrarte en la imagen, lo que te refleja tu alma, con tus pensamientos de Abundancia que eres para el ser divino que eres y aquí se expresa la magia, ocurren los Milagros, llega la Manifestación.

En mi libro *Un nuevo amanecer,* evoco los mantras explicando su importancia y enumerando unos cuantos que me gustan, comparto con vosotros estas páginas:

EL PODER DE LOS MANTRAS

Debemos cuidar cada palabra
que sale de nuestra boca:
debe transmitir paz y serenidad,
sin herir a quien la escucha,
porque es amor, sabiduría y pureza.
La palabra y el sonido vienen estrechamente unidos,
si está bien utilizada, para bien nos veremos afectados.
Así se piensa y se libera,
cumpliendo su función cada mantra
y cuando correctamente se pronuncia,
protege, guía e ilumina.
El mantra Om al pronunciarlo es una palabra sagrada,
muy antigua y poderosa;
concentrándote, y con buena nota vibratoria,
permite alineamiento, contacto y unión con nuestra alma divina
que es en nuestro sendero de iniciados nuestra meta.
Actúa sobre nuestros tres cuerpos:
el físico, el emocional y el mental desde la conciencia.
Puedes elegir la manera de pronunciarlo:
en viva voz, mentalmente o susurrado,
siendo la mental la más poderosa
desde la conciencia.
Su significado como símbolo del conocimiento expresa
diferentes estados del Ser representa,
poniendo la intención en lo que dices y lo que quieres hacer.
Poderoso sonido del universo,
que al pronunciarlo,

cobra todo su valor y sentido.
Si ponemos la intención de crear un mundo
armonioso y pacífico,
entonaremos este mantra desde lo más hondo:
Loka Samasta Sukhino Bhavantu.
Otro mantra que se canta
como una oración de alabanza,
con esta voluntad de desarrollar la empatía
hacia otros seres y así darnos cuenta,
de que realmente tan diferentes no somos,
y de que compartimos
este afán o impulso de felicidad y libertad;
y así en nuestra vida cotidiana
intentamos ponerlo en práctica.
Este mantra nos inspira e invita
a realizar acciones que beneficien a todos los Seres de
este planeta.
Es el mantra del agradecimiento.

Y cómo no evocar otro mantra:
Om mani padme hum, donde cada palabra purifica
el cuerpo, la mente y el habla,
aludiendo a lo que se quiere trasmutar
o cambiar.
Y en el camino de la Iluminación
se encuentra la compasión,
transmutando el orgullo y el ego,
la estupidez y el prejuicio,
la agresividad y el odio,
sin olvidar la envidia y la lujuria,
sintiendo en lo más hondo cada palabra.

*Otro mantra: Om Bhur bhuva Svaha,
Tat Savitur Varenyam - Bhargo Devasya Deemahi
Dhi Yoo - Yo Nah Prachodayat.
El mantra de la Claridad mental....
Al cantarlo,
elimina obstáculos en nuestro camino,
dejando paso al crecimiento personal y ayudando el espíritu, a su desarrollo.
Los mantras son infinitos,
solo se han evocado unos cuantos,
puedes venir acompañados de algún que otro mudra cobrando así más intensidad;
terminaré con Om y tres Shanti en voz alta:
es el mantra de la Paz para un futuro mejor, una esperanza,
un deseo de Paz individual, colectiva y universal para la Humanidad.*

También me encantan las declaraciones y comparto con vosotros estas dos afirmaciones que a lo mejor te pueden ayudar si tú como yo has venido a romper este patrón con respecto al dinero y el miedo a la escasez, a la carencia se pueden encontrar en Internet: son herramientas más.

"Yo merezco solo cosas buenas. Yo soy Abundancia. Cada célula de mi cuerpo, mente y espíritu está llena de abundancia. Yo estoy abierto/a a recibir dinero en mi vida. El dinero llega a mí de diferentes formas." "Gracias, Padre, por todo lo que tengo y por todas las cosas maravillosas que estás por llegar a mí."

Y también esta otra declaración:

"Yo,..........., decreto hoy el flujo constante de infinita prosperidad. Agradezco al universo el suministro permanente de riqueza y grandes tesoros. Afirmo ahora con fe la activación del poder de la energía multiplicadora del Universo en mi vida. La Abundancia y la Prosperidad llegan de mi interior. Así es, así será. Gracias, Gracias, Gracias."

Y también esta otra afirmación:

"Estoy a salvo y protegido/a a cada momento. La prosperidad fluye libremente a mi vida y la recibo con entusiasmo. Mi conexión con la Tierra y el Todo es poderosa y me mantiene centrado/a."

Recuerda agradecer todo lo que tienes, todo lo vivido cada día, lo que eres, todo lo que estás viviendo lo bueno como lo malo que no es nada malo, sino que es una lección por aprender, así la GRATITUD experimentada en lo más hondo de tu corazón te abre puertas de bendición. Agradece lo que vives, tienes y quien ERES, cobrando plenamente todo su valor cuando decretas "YO SOY..."

"Yo soy Paz, Luz, Amor, Abundancia, Salud completa..."

En mi proceso de sanación que estoy llevando al cabo al mismo tiempo que escribo estas líneas, sé en lo más hondo y con la ayuda de mi equipo de los Registros Akáshicos - mis Guías, Maestros y Seres queridos, los Arcángeles y Ángeles, la presencia del Maestro Ismael en este momento de mi vida, quienes me guían y me llevan hacia mi liberación mediante el Perdón hacia mí, mis circunstancias, mi entorno y la Aceptación de que todo lo que pasó, al repetir una y otra vez las mismas equivocaciones sin conciencia y recaídas con conciencia, todo eso forma parte de mi aprendizaje. No hay fracasos sino lecciones por aprender hasta superarlas.

Y ahora en mi nueva casa, me tuve que mudar por problemas de geopatía que me provocaban problemas de salud como he evocado al principio del libro, me vi en esta nueva casa que es un bajo, vivo ahora en el barrio de la Virgen de los Desamparados, precioso nombre de un barrio de Valencia, un pequeño guiño del Universo, como en el campo en medio de la ciudad, algunos dirán marginado, variopinto, con un alquiler que me venía bien para reducir gastos a nivel económico y hacer frente a mi recuperación económica hacia mi libertad financiera que estoy trabajando con Cristián Abratte del Club de riqueza y el juego de Cashflow, aplicándolo a la vida real. Resulta que en este piso, al ser un bajo hay cucarachas, estas pequeñas negras y marrones. Al principio pregunté a mi equipo porque no entendía esta nueva prueba, debía superar una fobia a las cucarachas, es verdad que no me gustan mucho, pero tampoco les tengo una fobia. Y les pregunté que me aclararan esta nueva experiencia. Me llegó una respuesta, me guiaron hacia unos artículos por Internet para entender el significado en las antiguas civilizaciones de las cucarachas y me llegó que simbolizan el hecho de adaptarse a situaciones nuevas.

Sin embargo, al hablar con mi amiga Carolina, me dice: "Busca a Covadonga Pérez Lozana, que tiene un vídeo en el cual habla del tema." No encontré el vídeo sino un artículo en el cual explica que la presencia de cucaracha en una casa, es la expresión del miedo a enfrentarse a una situación, si te enfrentas a este miedo, desaparece. Y la verdad es cierto, a medida que iba identificando miedos míos por sanar de los que he evocado anteriormente y que me iba enfrentando a ellos, iban desapareciendo las cucarachas. Impresionante...

La verdad me siento tan agradecida porque aunque esté sola físicamente en esta travesía del desierto con retos y desafíos, a nivel económico y bien lo sabe Lain, no renuncio al proyecto de escribir este Best Seller porque sé que va a ayudar a muchísimas personas y forma parte de mi misión, en paralelo con lo que también está en marcha y va a salir a la luz dentro de nada, mi single *Baila para ti*. Realmente es todo un reto para mí la mentoría, pero no quiero renunciar y lo hablé con Lain y sus padres, a quienes estoy profundamente agradecida por el voto de confianza que me dieron. La verdad no estoy sola, porque en cada momento me acompañan mi equipo, los Ángeles y me siento muy muy agradecida, me envían mensajes a través de las secuencias numéricas y si paro, aquieto la mente y escucho, me llegan claramente mensajes canalizados para mí y para personas de mi entorno, a quienes les comunico enseguida lo que me ha llegado. Y lo cierto en este preciso momento de mi vida en el que estoy escribiendo la trilogía me encuentro sola, porque el proceso lo requería para mi sanación y poder dedicarme a la escritura dentro de un bien común.

Así que gracias, gracias, gracias por todo lo que tengo, por lo que soy, por todo lo vivido y por todas las cosas maravillosas que están por llegar a mí...

Realmente lo que debía entender y que explico muy bien en el tercer libro porque es cuando vivo esta fase del proceso es que cuando tomas plenamente conciencia de que te has alejado de la Fuente, de Dios, del Universo, de esta Energía superior, y que cambias el enfoque y lo sientes desde el Amor, en lo más hondo de tu Ser de que no necesitas absolutamente nada, desde tu verdadera esencia, desde tu Ser superior porque "Reconoces Dios, el Universo, tu Padre, esta Energía superior como la sustancia, el suministro el sustento y el apoyo y que todo viene por añadido... la Abundancia, el Amor..., que te has liberado de estas emociones que no eran tuyas y te hacían sufrir, que has retomado tu poder, el de la mente, que mandas tú ahora en casa, cuidando de tu cuerpo físico etérico, ya has permitido que se exprese quién eres realmente, que tu verdadero Yo, tu verdadera esencia emerja.

También te puede ayudar la lectura del libro de John Randolph Price, El libro de la Abundancia.

A continuación me gustaría citar unas líneas escritas por Covadonga Pérez Lozana y que me gustan:

"Escucho mi sentir, las señales y alarmas de mi cuerpo, escucho aquello que no me gusta y lo alejo de mi vida. Estoy presente para poner límites o alejarme de aquello que no me muestran respeto o interés y me alejo de aquellos que no aman. Aprendo a distinguir." de Covadonga Pérez Lozana.

Añadiría, aprendo a Amarme, poniendo yo límites donde todos los bloqueos y vivencias no me hacen feliz y sentirme libres, entonces no soy este sufrimiento y debo proceder a los cambios, cambiando desde mi interior para que se refleje hacia mi mundo exterior.

Siempre debes recordar que "Nada y Nadie te puede hacer daño, al no ser que lo permitas Tú." A continuación a través de estas citas me gustaría recordar lo que tu alma bien sabe, a través de estas citas, y es como un bálsamo al leerlas y repetirlas, se pueden encontrar en Internet en la página de Un camino hacia la Luz, y la verdad para mí personalmente me ayudan mucho, las leo, las comparto en las vías sociales, porque pienso que si me hacen bien, harán bien a los demás, interpelarán a los lectores como me han interpelado a mí.

Recuerda que leer es muy bueno, también es una forma de subir la vibración. Procura leer libros que te aporten algo, no solo de puro entretenimiento.

"La mente tiene dualidad, pero el Alma tiene un solo camino." Sri Swami Purohit.

"El Universo siempre encontrará una forma de hacerte llegar lo que necesitas para seguir creciendo"

"Los únicos límites infranqueables son los que creamos en nuestra mente." Pensamientos, corazón y pluma. Mer.

"Confía en el plan que tiene tu alma aunque no lo entiendas y ten la certeza de que todo saldrá bien." Deepak Chopra.

Esta cita la tengo en la página de presentación de Facebook, la de Geno Nieto, me acompaña porque simplemente me encanta.

Otra de Osho:

"Se trata simplemente de sentarse silenciosamente, observando los pensamientos pasando a través de ti. Simplemente observando, no interfiriendo, no juzgando, porque el momento en que juzgas, has perdido la pura observación. El momento en que dices "Esto es bueno, esto es malo", has saltado en el proceso de pensamiento."

Es importante recordar desde la plena conciencia que no somos las emociones, si nos vienen unas emociones que nos hacen daño como la tristeza, la pena, la ira, la decepción, la rabia, la incomprensión..., obsérvalas y desde la serenidad, siéntelas y hazte las buenas preguntas, qué me ha pasado, revive y siente este dolor, volver al pasado, a la infancia, a la adolescencia en esta vida, sí la verdad que sí, hay que hacerlo, así de esta manera es la mejor manera de superarlo, deberás volver a momentos de tu infancia y adolescencia y más allá seguir investigando si quieres, como he hecho con mi equipo de los Registros, por qué esto ahora, me viene de algo que no se ha sanado en una vida pasada y te llegan informaciones, respuestas, recuerda desde tu nivel de conciencia, se aquieta la mente y se escucha, con paciencia, la Templanza es una gran Maestra, la precipitación, la impaciencia te llevan al caos.

Es lo que estoy viviendo con el tema económico, es tan doloroso verte en estado de carencia, escasez extrema, siendo funcionaria con un sueldo que te permite vivir muy bien y que no ves, que no puedes disfrutar porque las deudas superan la realidad y verte en esta situación que de hecho he venido a superar al venir aquí, para liberarme y liberar a mis antepasados y mis descendientes, llegar en el momento donde llegas donde el mar como Moisés y ahora que pasa, ahí está la Fe, tu Fe..., debes soltar, ceder el control, que si te resistes es peor, es dolor en carne y hueso, sí que duele soltar porque tu miedo te lo hace creer como tan real, tu mente…, entonces respiras, te serenas, lees estas afirmaciones, pidiendo a tu equipo que te ayude, que te lleve al Hospital de Luz para sanar, pidiendo la ayuda al Arcángel Miguel y a sus legiones de ángeles azules para que te dé coraje, valor, fuerza para no ceder, que sería volver al banco a pedir su ayuda, que te lo soluciona en el momento pero no te soluciona nada sino que te vuelve a poner en la misma rueda kármica, al repetir lo mismo una y otra vez como he hecho durante estos treinta años, si te reconoces también a través de estas líneas, pues ya basta, recuerda que somos Divinidades, que estos miedos, este miedo a la carencia, a la escasez no existe, fue heredado, aprendido y has venido para liberarte y liberar a tus antepasados y a tus descendientes. A todos nos toca lo que hemos venido a trabajar y soltar. Y más de una vez he preguntado a mi equipo, no sé soltar, cómo se hace, qué debo hacer, la resistencia de la mente es tan fuerte, que te impide tener claridad…

Y lo importante para empezar este proceso de sanación es hacerte 100 por 100 RESPONSABLE de tus actos, nadie más que tú es responsable de la situación en la que te encuentras. Has sido condicionado por un patrón que has visto, que has vivido y lo has repetido una y otra vez, hasta llegar a la situación en que tienes que enfrentarte a tus miedos, a tus creencias limitantes, a estos patrones repetidos, y que todo lo que ha pasado venía llevado por la mente subconsciente con la función de protegerte.

Y como respuesta de mi equipo una compañera del polideportivo a donde voy, Amparo, a raíz de nuestras charlas espirituales, me regaló este fantástico libro que te recomiendo como lectura: *La práctica de las Llamas* – Enseñanzas del Maestro Saint-Germain - Editorial Humanistas. Comentaré más al respecto en el segundo libro.

Desengramar como bien nos explica Lain o las Recapitulaciones como bien nos explica Francisco, es lo mismo.

Tampoco eres la mente, observa tus pensamientos sin juzgar como bien dice Osho, sin interferir, recordando que no eres la mente sino que debes tomar las riendas tú y no debe ser ella la que te lleve.

Y muchas veces te dice a ti mismo/a, "Vale, creo que he entendido, me sé la teoría, pero cómo lo paso a la realidad" y ahí realmente te das cuenta desde la más profunda Humildad que no sabes nada.

En cuanto al sábado, se trata del *Arcángel Zadquiel*, relacionado con la llama violeta purificadora, sanadora, que transmuta. Su nombre significa "Justicia de Dios" o "Justicia divina". Se dice que es el guardián del karma, tanto individual como de grupo, se refiere a la disolución de recuerdos de lucha entre naciones y grupos étnicos. Así el Arcángel Zadquiel y sus legiones de ángeles de color violeta te pueden ayudar a sanar recuerdos dolorosos que te impiden desarrollar todo tu potencial, tanto a nivel humano como espiritual. Si lo invocas, lo puedes hacer de la manera siguiente:

"Yo te invoco, Arcángel Zadquiel, así como tus legiones de ángeles de color violeta para que me limpies, me transmutes y me liberes de todo aquello que no me venga de Dios, del Bien o de mi Ser superior."

Y el domingo se trata del Arcángel Miguel y de sus legiones de ángeles azules. Su nombre significa "Quien como Dios" o "Príncipe de la Luz" y se le considera como el "Príncipe de los Ángeles". No solo nos cuida en el mundo terrenal sino también en el momento de la muerte, en el momento del tránsito espiritual, con otros ángeles también ayuda a las almas en el proceso. Representa el poder, la fuerza, la valentía, el equilibrio y la invisibilidad. Si necesitas valor en una situación dificultosa, lo puedes invocar, con la oración siguiente: "Yo te invoco, Arcángel Miguel, para que con tu espada azul cortes maleficios, brujerías y malas energías de mi vida."

El Arcángel Miguel puede estar en varios sitios a la vez y llevar de hecho varios temas a la vez. Se le puede invocar, así como el Arcángel Zadquiel cuando se trata de ayudar a un alma desencarnada, perdida a encontrar la luz y volver a casa.

En esta nueva era es la colaboración entre el Quinto Reino, el mundo de los Maestros y el Mundo angélico con el cuarto reino, el de los humanos y será cada vez más obvio y con más facilidad y fluidez. Recordemos que no será ninguna novedad, ya que ya existió esta colaboración, sin embargo con la evolución de la Humanidad, todo se hará con más conciencia, sin abusos, plenamente conscientes todos de la inmensa suerte de poder colaborar juntos y poder hacer que haya más luz, más voluntad y más amor en nuestro planeta para un mundo mejor. Y la verdad nosotros, en este pleno siglo XXI, tenemos este inmenso privilegio de estar Aquí y Ahora, de haber decidido venir en este preciso momento para contribuir en la elaboración y la evolución de un mundo mejor, como no sentir una inmensa y profunda gratitud por ser partícipes de todo este proceso. Gracias, gracias, gracias...

De hecho, tengo varios oráculos en casa de Doreen Virtue y este a continuación, justamente vinculado con los Ángeles y un guiño a la Atlántida de Stewart Pearce y Richard Crookes, *El oráculo de los Ángeles de la Atlántida*.

También llegó entre mis manos el libro de Adolfo Pérez Agusti, hace unos años que se titula *El poder de los ángeles* con 72 cartas con el nombre de los ángeles en cada carta. Según este autor, *"Los ángeles son seres inmortales pero no son eternos"* como bien explica solo el término de "eternidad" solo pertenece a Dios, así cuando sea el momento del final del Universo, "cuando se extingan todos los soles, las estrellas y galaxias", también los ángeles desaparecerán. Explica que un ángel es un "ser espiritual que existe en la mayoría de las religiones con la labor de ayudar al Ser supremo en su misión universal; está en posesión de facultades increíbles, entre ellas comprender los misterios del Universo, volar o materializarse solo delante de personas específicas". También nos aclara que los ángeles, junto con los arcángeles están próximos a Dios o al Universo y disponen de privilegios y poderes superiores a los seres humanos, precisando que su categoría celestial es inferior a los profetas, enviados directamente por Dios para comunicar a la Humanidad sus mandatos."

Es cierto que para ti, a lo mejor los Ángeles y Arcángeles no forman parte de tu sistema de creencias y no crees para nada en la existencia de estos seres. Por lo tanto en este caso hablaremos de energías que se manifiestan en determinadas circunstancias que a un momento de tu vida te has sentido protegido/a en la vivencia de un hecho extraño, Ángeles o Energías al fin y al cabo es lo mismo. Solo cambian los términos.

En cuanto a la clasificación angélica sobre su jerarquía, ha sido establecida según los escritos de Dionisio Areopagita, un ateniense convertido al cristianismo en el siglo I, por influencia de Pablo. Fue martirizado y muerto bajo la mano del emperador Domiciano. Así los "Nueve Coros de Ángeles" u órdenes angélicas serían.

También a continuación aporto precisiones de la formación que seguí con Diana sobre la Sanación con los Ángeles que se llamaba Coros Angélicos:

TERCER CIELO:

- Serafines: son los que están más cerca de Dios: Se les llama para crecer en lo espiritual, entender cuál es nuestra misión, conectar más con Dios, custodian los Lugares Sagrados.
- Querubines: vienen representados como unos bebés con alitas pequeñas y tienen mucha fuerza. Vienen en pareja. Se les llama para tener alegría en una reunión familiar por ejemplo, para que el Amor crezca entre las personas, para Sabiduría, jugar y las Musas del arte y las creaciones artísticas.
- Tronos: son los más grandes, inmensos. Tienen alas de muchos colores. Se les llama para tener paciencia, perseverancia, fuerza interna, poder de convicción, poder hablar correctamente y para darse cuenta de sus propios errores.

SEGUNDO CIELO - ÁNGELES DE PERMANENTE SERVICIO:

- Dominaciones: son los más bellos, son ángeles médicos, a ellos les debemos la salud del cuerpo. Bailan en el cielo. Se les llama para Danzar, expresión corporal.
- Virtudes: tienen cara de niños y dos alitas Son muy muy rápidos. Se les llama para realizar milagros, cuando pensamos que lo que se necesita es eso, es decir un milagro.
- Potestades: son ángeles guerreros. Van con armadura. Se les llama para protección en el plano astral, pesadillas y entidades del astral. También se les llama para cargar con energía minerales u objetos.

Primer Cielo - son los que están más cerca del Ser humano:

- Principados: son tres veces más altos que los Seres humanos, muy elegantes. Son diferentes unos de otros. Son los ángeles de la vida. Se les llama porque gobiernan sobre los espíritus de la naturaleza (hadas, duendes...) y por ende sobre los incendios, las lluvias, los terremotos, las estaciones..., cuando tenemos animales o plantas enfermas, y cuando nace una criatura, siempre al lado de la madre se encuentra un principado para ayudar al nacimiento.

- Arcángeles: evocados anteriormente.

- Ángeles: son los seres que ayudan a los humanos. Algunos se les llama Ángeles de la Guarda o Custodios. Se les invoca según la cualidad que representa para que nos ayuden.

Todo lo evocado anteriormente como bien lo he mencionado viene de mi formación de los Coros Angélicos que hice con Diana y también hace unos años atrás con Mar.

Podría hacer una descripción más detallada sobre cada categoría de órdenes angélicas, sin embargo desde Internet o con este libro mencionado, si te interesa saber más allá sobre cada categoría, te invito a consultar este libro o más referencias por Internet.

Cuando estoy invocando al mundo angélico me dirijo a los ángeles en general, agradezco su presencia y les pregunto si me pueden ayudar en algo concreto que en este preciso momento me preocupa. Pero podrías perfectamente dirigirte a los querubines, teniendo en cuenta la función que tienen. Para darte unos ejemplos, a lo mejor te ha podido pasar que no encuentras unos documentos importantes que te hacen falta para ir a tal organismo oficial o algún objeto que no encuentras, llaves..., te paras, respiras y te diriges a ellos, solicitando desde el cariño su ayuda para que te guíen hacia lo que deseas encontrar. Si ya lo has hecho, entonces ya sabes de lo que te estoy hablando y es algo maravilloso porque ves claramente su existencia y asistencia, también si tienes un problema con el funcionamiento del ordenador o de la impresora que de repente no te va, los he solicitado y surge el milagro, se desbloquea la situación. Y sientes una profunda gratitud que les expresas, gracias, gracias, gracias.

También otro ejemplo que me ha pasado con la escritura de este libro, durante la fase de relectura, de repente se me desaparece todo lo que estaba escribiendo y estaba guardando lo que escribía a medida que lo iba escribiendo. No encontraba la carpeta, en ningún sitio aparecía, solicité la ayuda de los Ángeles para entender y encontrar la carpeta sobre todo que si debía volver a empezar, era bastante porque había mejorado pasajes, había añadido documentos, fotos...

Es obvio que al mundo angélico no le va una situación caótica, de estrés por ejemplo, todo el contrario, para poder resolver lo que te propones lo debes hacer desde la serenidad, la tranquilidad, es muy importante. Y ya lo habrás comprobado, seguro y si no, compruébalo por ti mismo con un poco de atención, estando en el momento presente, que es realmente lo que cuenta y donde puedes expresar claramente quien eres de verdad, tu verdadera esencia. Y siempre estamos en el pasado o en el futuro, a ver pensando en qué voy a hacer después de esto, después del otro, y la verdad sí que así te has perdido. Lo mismo que si añoras en cada momento el pasado, que aquella época era mejor que esta, que se vivía mejor, ya no estás en el Aquí y Ahora y también te has perdido. Tu verdadero Ser ya no puede expresarse plenamente, de forma consciente en el pasado y en el futuro.

He recibido una enseñanza cristiana en Francia de pequeña, haciendo mi comunión y mi confirmación, me encantaba leer la Biblia cuando tenía 13, 14 años y los libros de física cuántica, metafísica me llegaron mucho más tarde en mi vida, hasta el año 2006 cuando decidí dar el salto que iba perdida con una desconexión con mi alma, como errando entre Francia y España y no me atrevía a dar el paso, dado que realmente mi vida, mi propósito de vida debía arrancar desde aquí, desde España. No me encierro hoy en día en ninguna religión, más bien me siento ciudadana del Universo y me encanta leer libros de física cuántica, cuyo primer libro con las enseñanzas de apoyo a la lectura de este libro las seguí con su autor aquí en Valencia Francisco, quien la verdad cambió por completo la visión que tenía de las cosas, ayudándome a recordar quién soy de verdad, lo mismo que eres tú. Y empecé la lectura de *La luz diamantina* de Francisco, que es como una recopilación de todas estas enseñanzas sagradas que Francisco también ha simplificado para ser más asequibles para todos. Y después he leído y sigo leyendo todos los libros de Lain García Calvo, aún más simplificado dentro de la complejidad de todo lo que es el mundo cuántico, metafísico. Y mucho más libros de crecimiento personal de diferentes autores...

Así que compruébalo por ti mismo/a, y ya verás cómo nunca estás solo/a si te paras, silencias la mente y prestas atención, ya verás cómo se manifiesta ante ti el mundo angélico. En colaboración con los Arcángeles y Ángeles, se puede llevar a cabo trabajos de sanación y de limpieza energética con oraciones poderosas, y la verdad es una colaboración más que gratificante porque ves los resultados, solo es dejarte llevar, soltar y abrirte hacia lo que tu alma en lo más hondo sabe, permitiéndote ser tú mismo/a y reconociéndote tu poder, a través de estos trabajos de sanación para ti o para otras personas. El trabajo de servicio del alma es el de ayudar.

Dentro de mis enseñanzas de Raja Yoga, Meditación que sigo desde hace varios años con Francisco, me encanta aplicar lo que nos cuenta Francisco y que me gustaría contarte para que te sirvan para ti también, porque por mi parte lo tengo comprobado y tengo evidencias de que funciona porque aunque me lo trabajo todos los días dentro de mi proceso evolutivo y lo que me queda por mejorar, dado que todos los días nos vienen otros retos, otros desafíos que por tu actitud frente a ellos es lo que te permite enfrentarlos y superarlos, siempre desde la conciencia y con la llegada de tus pensamientos, unos tuyos y otros no, con los cuales hay que poner orden.

Como bien dice Sócrates:
"La verdadera sabiduría está en reconocer la propia ignorancia."

Es importante al acabar el día que medites sobre lo ocurrido a lo largo del día, agradecer el día que se acaba antes de empezar el proceso de descansar, no dormir sino descansar. Y aunque el cuerpo físico esté tumbado y parece dormido, seguimos activos en el plano astral al salir como espíritu de nuestro cuerpo. Y como nos lo recuerda Francisco es importante dirigirte a tu ángel solar o a tu Yo superior, o si quieres puedes dirigirte a tu ángel de la guarda. Muchísimas personas piensan que el alma y el Ser superior es lo mismo y no lo es. En este preciso momento de nuestra existencia en esta era, hemos venido a conectar con nuestra alma, que va a ser como un trampolín para nuestra conexión con el Ser o Espíritu que se encuentra en otro plano más elevado.

Y le dices a tu ángel solar o a tu Yo superior, o a tu ángel de la Guarda como quieras llamarle, que dentro del proceso de descanso, cuando salgamos de nuestro cuerpo que el proceso se haga desde el coronario que si no se expresa nada se puede salir desde el plexo solar y por lo tanto se saldría al plano astral desde vibraciones más bajas. Luego le dices a tu ángel solar que "te lleve, guíe y proteja hacia el sitio que necesitas para tu evolución, pudiendo seguir ahí nuestro trabajo de servicio y de ayuda como alma". Cada noche lo hago y me siento muy agradecida, también hago lo que Francisco llama las Recapitulaciones, o Desengramar de Laín, que son repasar antes de irte a dormir hechos que han pasado a lo largo del día y que a lo mejor no te han gustado, revivirlos con las emociones que sentiste en aquel momento y hacer como un trabajo de sanación con ellas. Donde llevas el enfoque, la atención y la intención va la energía y se expande. Por ejemplo por qué he sentido tal emoción con esta persona, por qué me he sentido molesto/a, qué es lo que me reflejaba la otra persona en esta vivencia con ella, es importante recordar en cada momento que vivimos que no hay nada por casualidad, que a través de una situación vivida, una charla, una conversación o a través de un hecho que a lo mejor no resulta muy agradable hay un aprendizaje. Las Recapitulaciones de Francisco o como lo nombra Laín Desengramar, es revivir sintiendo estas emociones en lo más hondo para poder transmutarlas y sanarlas, pueden ser del mismo día o remontar a momentos de la infancia, de la adolescencia o momentos de nuestra vida de adulto, no es suficiente recordar, se ha de revivir con emociones por muy dolorosas que sean.

Lo que no me gusta del Otro es un reflejo de mí mismo/a. Ahí está mi Maestro, ahí está la lección que debo ver desde la plena conciencia, entenderla, sanarla a través de la aceptación o del perdón y superarla. Si hay algo que no te gusta de otra persona, es un reflejo, es lo que has de sanar en ti... Recuerda "Yo soy Tú y Tú eres Yo, somos Uno con el Universo."

Me gustaría evocar esta magnífica canción interpretadas por dos magníficas voces del panorama musical actual Lara Fabian y Maurane, aunque Maurane nos ha dejado el 07 de mayo de 2018, la canción se titula *Tu es mon autre*, *Tú eres mi Otro*, a continuación escribo la letra en francés y en español y el link para que podáis descubrirla o redescubrirla: en YouTube Lara Fabian y Maurane Tu es mon Autre, la interpretación y las voces divinas de las cantantes hacen que la canción, la sientas en lo más hondo de tu Ser:

Tu Es Mon Autre
Lara Fabian et Maurane

Âme ou soeur
Jumeau ou frère
de rien mais qui es-tu?
Tu es mon plus grand mystère
mon seul lien contigu
Tu m'enrubannes et m'embryonnes
Et tu me gardes à vue
Tu es le seul animal
de mon arche perdue
Tu ne parles qu'une langue
aucun mot déçu
Celle qui fait de toi mon autre
L'être reconnu
Il n'y a rien à comprendre
Et que passe l'intrus

Qui n'en pourra rien attendre
Car je suis seule à les entendre
Les silences et quand j'en tremble
Toi, tu es mon autre
La force de ma foi ma faiblesse et ma loi
Mon insolence et mon droit
Moi, je suis ton autre
Si nous n'étions pas d'ici
Nous serions l'infini
Et si l'un de nous deux tombe
L'arbre de nos vies
Nous gardera loin de l'ombre
Entre ciel et fruit
Mais jamais trop loin de l'autre
Nous serions maudits
Tu seras ma dernière seconde
Car je suis seule à les entendre
Les silences et quand j'en tremble
Toi, tu es mon autre
La force de ma foi
Ma faiblesse et ma loi
mon insolence et mon droit
Moi, je suis ton autre
Si nous n'étions pas d'ici
Nous serions l'infini
Et si l'un de nous deux tombe

En español: Tú eres mi otro yo

Alma o hermana,
gemelo o hermano de nada,
pero ¿quién eres?
Tú, mi mayor misterio,
mi único vínculo cercano,
el que me engalana y me germina,
el que me retiene.
Tú, el único animal
que perdí de mi arca.

Solo hablas una lengua
sin palabras vanas,
esa que hace de ti
mi otro ser reconocido.
No hay nada que comprender.
Aunque pase el intruso,
nada puede esperar.
Yo soy la única que entiende los silencios
y cuándo me hacen temblar.

Tú eres mi otro yo,
la fuerza de mi fe,
mi debilidad y mi ley,
mi insolencia y mi derecho.
Y yo soy tú otro yo.
Si no fuéramos de aquí
seríamos el infinito.

Si uno de los dos cayera,
el árbol de nuestras vidas
nos guardaría lejos de la sombra,
entre cielo y fruto,
pero nunca demasiado lejos del otro
porque seríamos castigados.
Tú serás mi último segundo:
soy la única que entiende los silencios
y cuándo me hacen temblar.

Tú eres mi otro yo,
la fuerza de mi fe,
mi debilidad y mi ley,
mi insolencia y mi derecho.
Y yo soy tu otro yo.
Si no fuéramos de aquí
seríamos el infinito.
Y si uno de los dos cae...

A veces la traducción no respeta lo transmitido.

Es una canción preciosa, escúchala, además son dos voces preciosas... Algunos verán una canción de amor entre dos seres del mismo sexo, pero en realidad la canción va mucho más allá de lo que ves, oyes o entiendes... La vida misma, hay que recordar que ver las cosas desde otra perspectiva te lo cambia todo, Eres mi Otro, solo con el título lo encierra todo. Te invito a qué la escuches, no te dejará indiferente.

A continuación en este segundo capítulo me gustaría evocar el mundo de los Registros Akáshicos con tu equipo de Guías, Maestros y Seres queridos que siempre te acompañan y guían, evocando el trabajo de sanación para ti y los demás en colaboración.

II

Los Registros Akáshicos
Trabajos de sanación en colaboración con ellos para ti y tu entorno

Sanarte a ti mismo, sanar a otras personas o ayudar, conciencia de que "Yo soy Tú y Tú eres Yo, que Todos somos Uno con el Universo."

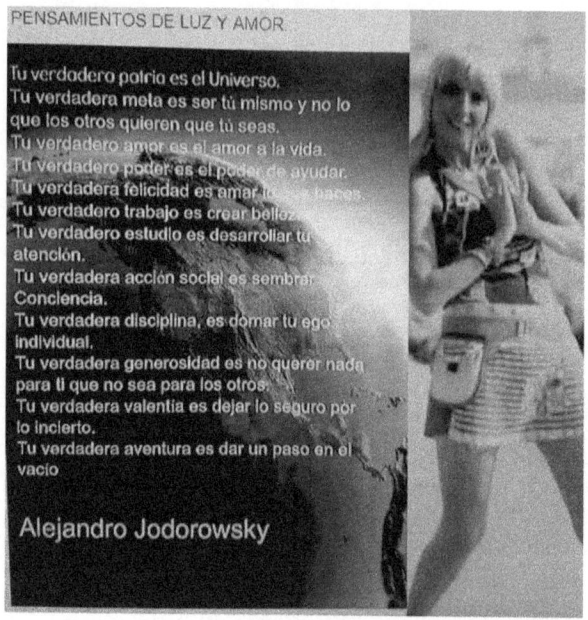

Cuando empecé mi formación de los Registros Akáshicos con Diana en 2015, habiendo hecho con Diana otros talleres desde la formación de Reiki, diferentes tipos de Reiki, talleres de limpieza energética, sobre las flores de Bach, las gemas..., los Registros Akáshicos desde aquel día iban a cambiar mi vida. Desde entonces por la mañana todos los días después de mi meditación, les pregunto si tienen un mensaje para mí, y no espero nada y me llega el mensaje. También me comunico con ellos, hecho que puedes hacer tú también, dirigiéndote a ellos y dialogando, si te lo crees dentro de tu grado de conciencia. Se nos va a facilitar cada vez este acercamiento con ellos, sin que haya una formación en concreto.

Me vas a preguntar antes de seguir más allá, ¿Qué son los Registros Akáshicos?

Como bien lo define Diana en su formación y en los escritos que nos proporciona, los *"Registros Akáshicos contienen el conocimiento presente y pasado, las experiencias y expresiones del recorrido del alma, desde su inicio hacia adelante, así como todas las posibilidades de su futuro desarrollo."*

"Cuando se abren los Registros con una Oración sagrada, uno se alinea con la vibración de su propio Registro. La Oración funciona por medio de vibraciones energéticas para activar el nombre específico de la persona, y lleva consigo misma la protección de Dios/Espíritu/ Fuente para conectar con los Maestros, Guías y Seres queridos sin ninguna otra interferencia."

De hecho, por aquí en este libro no voy a escribir esta Oración sagrada porque primero seguí una formación de varios módulos y es todo un proceso que hay que seguir. Y lo que me está llegando de mi maestro Ismael es que cada vez más, desde el nivel de conciencia que la Humanidad está recibiendo gracias a las energías de síntesis, energías ayudando al despertar de la Humanidad en cuanto a este grado más amplio, cada vez más, de conciencia sobre quiénes somos realmente, es cierto que no me dedico directamente a trabajos de sanación con los Registros, pero es cierto que el Universo me pone en contacto con personas para que las pueda ayudar en un determinado momento y la verdad, me siento muy agradecida por ello. Me gustaría precisar que no se trata de una consulta como si se tratara de saber el futuro como se puede hacer con una consulta del Tarot u otras cartas adivinatorias. Aquí cuando te diriges a tu equipo de los Registros, te van ante todo a guiar y responder a partir de la pregunta o las preguntas que has formulado, nada sobre el futuro, sino sobre el presente, respuestas acerca de unas precisiones como por ejemplo: ¿Qué debo aprender de la situación por la cual estoy pasando ahora? ¿Esta vivencia con esta persona es para aprender algo, me podéis dar precisiones al respecto? ¿Tenéis un mensaje para mí?

Muchas veces les digo a las personas interesadas por saber más sobre preguntas que se hacen en su vida, que se dirijan directamente a sus Guías, sus Maestros y a sus Seres queridos. Que todas las oraciones que se les envían, les llegan y son atendidas, todo necesita un proceso, nada de esperar tener un resultado en unas horas o de un día para otro. No... Hay que respetar el proceso...

Es cierto que si llevas tu atención y tu intención de comunicarte con tu equipo, enviándoles una pregunta, o pidiéndoles una aclaración, de una manera u otra te van a llegar las personas, las circunstancias para que tengas la respuesta. Recuerda que adónde va la atención, y la intención va la energía y se expande, Leyes universales... La importancia del enfoque...

Diana nos dio una lista de ejemplos de preguntas, solo enumeraré unas cuantas:

¿Cuál es mi propósito o plan de vida?

¿Qué me propuse completar al venir a la Tierra?

¿Qué patrones o creencias limitantes me impiden desplegar mi potencial?

¿Por qué tengo miedo a...?

¿Qué está bloqueando mi abundancia?

¿Qué debo aprender de esta dolencia y cómo la puedo mejorar o sanar?

¿Cuáles son las relaciones kármicas que me relacionan con esta persona o esta situación?

Y muchas más preguntas...

Para resumir, con los Registros Akáshicos se puede traer informaciones del pasado y del futuro al momento presente. Se trata de una herramienta muy poderosa que nos ayuda a recordar quiénes somos, nuestra verdadera esencia y nuestro poder ilimitado y como bien dice Diana nos ayuda a *"recordar nuestra Unidad con Dios, el Universo, la Fuente."* Todo lo que vamos recordando a lo largo del libro.

Recuerda lo que voy escribiendo y repitiendo desde el principio del libro, esta "Unidad con Dios, el Universo, la Fuente…"

Para seguir profundizando un poco más el conocimiento acerca de los Registros Akáshicos, este mismo nombre alude a los recuerdos de nuestra alma que han sido guardados a través de todas nuestras vidas. "Akasha" significa el Éter, espíritu que baña el Universo entero, por lo tanto para entender bien significa que los Registros serían un espacio situado en el éter, este espacio o energía cósmica que es el peculiar vehículo que transporta el sonido, la luz, la vida y en él se recogerían todas las palabras y los actos de los seres humanos a lo largo de los tiempos. No solo las vivencias, las palabras, sino también los pensamientos, sentimientos e intenciones del alma. Son archivos que guardan lo que ha ocurrido, lo que ocurre y lo que ocurrirá. Todo está absolutamente archivado, no solo lo que se refiere a los seres humanos sino también a los minerales, vegetales, animales, puede saber sobre un monumento también.

Es el Libro de la Vida del que hablan las religiones, los custodian unos Seres de Luz que son los Guardianes del Registro Akáshico. Todo lo evocado aquí en estas líneas procede de mi formación con Diana.

El yogui Paramahansa Yogananda aclara: *"El Akasha subyace bajo todas las cosas y se convierte en todas las cosas; está oculta y tan solo se puede observar cuando se convierte en las cosas que vemos. Es la realidad fundamental del mundo." Dios es el Todo, la Fuente sin forma que es indescriptible."*

Es como si fuera una inmensa biblioteca, en la que cada alma humana es representada por un libro, y cada hoja es una vivencia energética, cada capítulo una vida o encarnación. Es la biblioteca de la Humanidad como bien dice Johannes Uske en su página web de presentación, y añade que *"los Registros se podrían ver, en efecto, como la conciencia o memoria colectiva cósmica."*

En realidad cuando accedes a los Registros, se obtienen informaciones de que el Alma necesita comunicarle a la personalidad, que no ve las cosas como son para que pueda evolucionar según el plan elegido por el Ser encarnado.

Al tener informaciones de vidas pasadas, puede ser una gran ayuda en cuanto a trabajar los patrones que hay en esta vida presente y poder llegar a superarlos, las oportunidades que se presentan para evolucionar y el camino a tomar. Te ayuda muchísimo a entender desde otra perspectiva las cosas que te están ocurriendo en tu vida, trae consigo un efecto sanador que te toca directamente a ti y también a los seres de tu entorno.

Retomando los apuntes de mi instructora Diana Solaz de los Registros Akáshicos, conviene aclarar el significado de las palabras siguientes para un mejor entendimiento.

"Akasha: Sustancia que llena el espacio entre los mundos, las moléculas y la materia. Está presente en todas las cosas.

Registros Akáshicos: "organismo" encargado de dejar constancia de los actos relativos de la Humanidad.

Archivo Akáshico: lugar donde se almacena todas las experiencias del alma en el pasado, presente y futuro. Se conoce como la Biblioteca Akáshica.

Anales Akáshicos: son una forma de escrito histórico que registra los hechos cronológicamente, año por año de cada persona, de cada ser vivo, de cada hecho ocurrido en la historia de la Humanidad, de cada planeta.

Guardianes de los Registros Akáshicos: son Seres de luz altamente evolucionados que custodian la información almacenada en el Archivo Akáshico.

Vidas pasadas/Reencarnación: se refiere que todos los seres de este planeta experimentan un ciclo de nacimientos y muertes con el fin de alcanzar la perfección, de manifestar en el plano físico la belleza del Alma con todo su potencial.

Karma: Ley universal que facilita el aprendizaje con fines evolutivos. Así se aprende a través de la experiencia. Significa que todo acto realizado en el pasado y en el presente tiene sus consecuencias en el futuro. Es una Ley que nos concede una "oportunidad divina" para acelerar nuestro aprendizaje en la Tierra.

Planos de existencia: son diferentes lugares con sus correspondientes estados de conciencia. Hay siete planos de conciencia: físico-etérico, Astral o Emocional, Mental (Inferior y Superior), Búdhico o Intuicional, Átmico o Nirvánico, Monádico y Divino o Ádico. El Alma se encuentra en el Plano Mental Superior, así cuando se accede a los Registros, se llega a ese nivel y a veces al Plano Búdhico."

Son conceptos con los cuales muchos no están familiarizados o nunca han oído hablar. Es obvio que nunca estamos solos, nos acompaña nuestro "equipo" como bien nos dice Diana a lo largo de nuestra formación y es cierto. Todos tenemos una anécdota que contar acerca de un hecho que pueda resultar curioso que nos ha pasado y que muchas veces nos ha resultado sorprendente y difícil de explicar.

Recuerdo un día que estaba en el autobús, era tarde de noche e iba de Valencia al Puerto de Sagunto. El cansancio había podido conmigo y dormía profundamente y recuerdo que fue con un pequeño golpe suave de mi cabeza contra el cristal que me hizo abrir los ojos y darme cuenta de que era justo la parada que tenía que bajar, cómo no ser agradecido/a por la intervención de nuestro equipo o mundo angélico que siempre vela por nosotros, nos guía y para una mayor colaboración entre nosotros, solo se merecen nuestra atención y conciencia de su existencia.

Seguro que al evocarte esto, ahora mismo recuerdas tú también algo que te ha pasado, entonces ves, te das cuenta, tomas conciencia de que no estamos nunca solos.

¿QUIÉNES SON ESTOS SERES QUE COMPONEN LOS REGISTROS AKÁSHICOS?

Cuando conectamos con los Registros Akáshicos, estamos en contacto con nuestros Maestros, nuestros Guías y nuestros Seres queridos, estos últimos pueden ser Seres que se han ido de esta vida o Seres de vida pasadas que han decidido acompañarnos en esta. También las definiciones que vienen a continuación proceden de mi formación de los Registros con Diana.

Tenemos a *los Señores o Guardianes de los Registros*: son Seres de Luz que trabajan a nivel universal, son seres no físicos y deciden qué información se revela durante una lectura. Si no es el momento de comunicar una información, simplemente no la comunican a los Maestros, Guías y Seres queridos del Alma.

Los Maestros son Seres de Luz que pueden estar en relación con las almas individuales. Podemos tener más de un Maestro y este puede tener más de un alma para acompañar.

Los Guías pueden tener cuerpo físico o no. Prefieren no revelar su identidad para no crear ninguna dependencia.

Los Seres Queridos son seres que conociste en esta vida y que fallecieron o amigos, familiares de otras vidas sin haber coincidido en esta. Pueden revelar o no su identidad.

El trabajo de los Guías, Maestros y Seres Queridos es el de ayudarnos y guiarnos en las diferentes vivencias de nuestra experiencia terrenal como seres humanos, dado que somos seres espirituales venidos a vivir una experiencia humana, después de haber vivido la experiencia del mundo mineral, vegetal, animal, ahora humano para llegar a la etapa siguiente la de Maestro, y luego seguirá la evolución.

También me gustaría abrir un paréntesis para añadir que también a nivel terrenal tenemos a nuestros Guías terrenales que en un determinado momento de nuestra vida nos van a guiar, ayudar para que encontremos el camino, y es cierto que en del camino de crecimiento personal te ves en la situación de Alumno y Maestro.

Durante muchos siglos, eran los eruditos, gente sabia, santos, místicos que utilizaban los Registros Akáshicos lo que se puede entender perfectamente. Ahora la conciencia colectiva del Ser humano ha evolucionado, crecido y se le ha autorizado su acceso para un mayor entendimiento de lo que está ocurriendo.

Diana nos recordó que en el siglo XX, Edgar Cayce (1877-1945), solo él leía los Registros Akáshicos en público. Llevaba el nombre del "profeta durmiente" porque para acceder a los Registros entraba en un estado de sueño que le permitía cambiar su conciencia. Hacía lecturas diarias y podemos encontrarlas en sus libros. También la teósofa Helena P. Blavastsky (1831-1891) y el antropósofo Rudolf Steiner (1861-1925) aludieron en sus escritos a los Registros.

Hoy en día muchísimas personas tienen acceso a los Registros Akáshicos a nivel personal o para llevar a cabo terapias de sanación.

Cuando te conectas con los Registros Akáshicos, te conectas con tu conciencia más elevada, consiguiendo respuestas en todos los planos y sanando, a su vez, los mismos (plano espiritual, psíquico y físico). La conexión se hace desde los Chakras del Corazón y Corona, y las respuestas que llegan a la persona haciendo la lectura pueden ser visuales, oídas, o sentidas por el que consulta. Se puede acordar con ellos cómo deseas que te llegue la información, por mi parte indiqué que me llegaran expresadas claramente, y así es y no dejaré de ser muy muy agradecida por poder conectar con mi equipo todas las veces que quiero una aclaración. Es importante no dejar que se meta la mente, sino confiar plenamente porque en el caso contrario entran las dudas. Lo que se debe entender al consultar los Registros Akáshicos que no se trata de adivinar el futuro como podría ser una consulta con el Tarot, sino una ayuda espiritual por Seres que nos guían y aclaran lo que no vemos en el proceso donde nos encontramos.

Es una herramienta de sanación muy poderosa para uno mismo y de gran ayuda para los demás. Los puedes abrir por la mañana y cerrarlos por la noche. Y si vas a un sitio donde hay mucho ruido, donde se baja la vibración como en una discoteca, un centro comercial..., es conveniente cerrarlos.

¿DE QUÉ MANERA SE PUEDE ACCEDER A LOS REGISTROS AKÁSHICOS?

Se puede acceder a partir de varios métodos desde la meditación, símbolos, oraciones... Por mi parte y tal y como me lo enseñó mi instructora Diana lo hago a partir de una oración. Canalizar es entrar en contacto, fusionar la propia mente con los Guías de Luz. Cuando se une nuestra conciencia con la de los Guías, somos Uno, ya no hay separación. Seguimos evocando la Unidad.

Sin embargo, he notado una gran evolución porque ahora me llegan mensajes sobre personas, y se me invita a decírselo a la persona lo que me llega. Se me ha venido acerca de personas conocidas y últimamente sobre personas que conocía desde hace muy poco, pero aquí todo es relativo, que conocía desde hace poco en esta vida, realmente nos conocemos todos, todos los que coincidimos en esta vida, somos reencuentros, hemos compartido juntos otras vidas con otros tipos de aprendizajes y aquí estamos para pulir lo que no hicimos bien u otros acuerdos, nuestros acuerdos de almas establecidos antes de venir aquí al planeta, antes de nacer, antes de todo el proceso de gestación, acordado con nuestro Guía, así escogemos nuestra familia, padre, madre, para trabajar lo que nos hace falta para la evolución de nuestra alma.

Sin embargo, últimamente estando sentada en el autobús al lado de una persona que no conocía, me llegó información de los Registros para que se lo dijera a la persona. Y a las personas les resuenan la información.

Como bien dice Lain, al escribir este libro hacemos un trabajo de rendición, diría de redención y de sanación. Lo que está por sanar al plasmarlo escribiendo, nos ayuda en todo este proceso de sanación. Así se está haciendo en colaboración con mis Maestros, Guías y Seres queridos un trabajo de rendición. ¿En qué consiste realmente?

Desde la plena conciencia para que se puedan empezar *Nuevos comienzos, Rendición, Liberación, Ascensión* lo que es el título de mi segundo libro de la Trilogía *Un nuevo amanecer,* debe morir una situación del pasado que no ha funcionado y no ha llevado a ninguna parte, si no es repetir, hundirte más en una situación, repitiendo el mismo patrón, una y otra vez. Sencillamente esta situación del pasado es reemplazada por otra nueva, no hay muerte física realmente, pero sí *Nuevos comienzos...*

Haciendo el cálculo tenía unos 25 años cuando empecé a endeudarme y ahora tengo 50 años. Dentro de mi aprendizaje, reconozco que siempre mi equipo me ha protegido para que no me encontrara en la calle. Y como buscadora que soy, mi deber es liberarme no solo por mí sino por todo el clan, por mis antepasados y mis próximos descendientes. Mi mente con el miedo a la carencia y escasez al hacérmelo vivir como real esta situación me recrea una y otra vez en este estado de supervivencia, me hace vivir en una ilusión, haciéndome repetir un patrón aprendido, heredado, esto me mantiene en un estado de dependencia de los bancos, como única solución sin ningún margen de libertad, con escasez y carencia. Dependiendo todo de una situación que está fuera, olvidando que la respuesta a los problemas está en nosotros, dentro. Pero mirar hacia dentro no te deja hacerlo tu mente que no quiere perder el control y por tanto empieza lo de ir más allá y tomar tú las riendas.

En realidad por mi parte no cedo el control, soy como inflexible, y quiero controlar la situación, lo que me ha llevado a Causa, Efecto, para paliar este miedo a la escasez y a la carencia, repitiendo un patrón visto y aprendido me he visto en situaciones extremas que te acarrean inquietudes, preocupaciones, es decir vibraciones muy bajas.... Actúa tu yo inferior, tu ego... Es lo que he venido a romper, y aceptar que todo no se puede controlar. El de pedir a organismos, bancos... Y si hace unos años ya sabía que no debía seguir pidiendo a los bancos, organismos, amigos, conocidos..., cuando mi miedo a la carencia me apretaba tanto, que no tenía nada para comer en la nevera, hasta en las situaciones extremas en el último momento me venía una ayuda que no es la adecuada, que es la del banco y vuelves a caer en lo mismo, en vez de enfrentarte a tu miedo que no existe y que tú crees real y no lo es, y no te tiras al precipicio por miedo, no das este paso, este salto cuántico, sigues preso en tu propia jaula, la que ha creado tu mente y solo basta en realidad con tomar las riendas, tomar Tú el control, no es ella, la mente, el amo de la casa sino Tú, el maravilloso Ser divino que eres, has de creer en tu verdadera esencia. Eres más fuerte que este miedo. Ahí está el reto, el gran desafío. Y cuando ya el dolor es tan fuerte, ceder, no verlo como una debilidad sino que entregas esta situación porque ya sabes que no te lleva a ninguna parte. Y todo eso la Humanidad no recuerda esta Unidad con Dios, el Universo, la Fuente divina, lo vivimos desde la separación y no recordamos lo que evocamos anteriormente "Reconozco mi Padre, Dios, el Universo, una Energía superior como mi sustancia, mi suministro, mi sustento y mi apoyo. "Tú eres Uno con él, eres una divinidad y no lo recordamos, creemos que somos el nombre que llevamos.

Aquí evoco el tema económico, pero cada uno de nosotros si estamos reencarnados, hemos venido a trabajar lo nuestro, puede ser a nivel del Amor, de la salud, del Dinero, etc... eso son las grandes áreas con subáreas... Si aún no lo has identificado, te tocará tarde o temprano, porque todos vamos subiendo los peldaños uno por uno, sanando lo que toca por el camino hasta llegar a nuestro propósito, el por qué hemos venido aquí con nuestra gran misión, dentro de un Bien común para la humanidad y dentro del Plan divino.

Mi equipo vela por mí y como no sentirme agradecida. Igual que el tuyo vela por ti. Sin embargo, debes hacer frente tú solo/a a la situación, reconocerla, aceptarla, perdonarte, ceder que es lo más difícil porque la mente no te deja, no quiere perder el control y como divinidades que somos, es cuando debemos ceder, soltar y confiar plenamente, como bien nos repite Lain, "Según tu Fe, te será dado", "Prestaré, no daré por prestado." Es cierto que tu equipo te deja tu libre albedrío en las decisiones que tomas.

En un sueño premonitorio, vi claramente cómo hace un poco más de un año, iba subiendo escaleras y de repente me caía y volvía a levantarme para seguir subiendo. Y efectivamente es lo que pasó. Desde la plena conciencia, entendía que lo que me había pasado desde la plena conciencia, lo que debía superar, pero seguí repitiendo los mismos errores que me impedían saltar mi muro, siguiendo en la carencia y la escasez, cerrando las puertas a lo que soy, Abundancia y Prosperidad, y aquí estoy con todo el proceso, te frenan tus miedos porque lo vives todo desde el Yo inferior, el ego, crees que eres como te llamas y no recuerdas tu divinidad.

Es importante en todo el proceso, aceptar lo que pasó y perdonarse a sí mismo/a todo el daño que nos hemos hecho a nosotros/as mismos/as a las personas involucradas y entender que todo eso formaba parte del proceso de sanación. Aún está la mente subconsciente que puede bloquear todo esto, pero si desde el corazón te perdonas por este miedo a la carencia que te hizo cometer acciones, actos como en mi caso pedir y endeudarme más, un verdadero ciclo vicioso del que no escapas como así y eres consciente y te perdonas todo el daño que te ha traído, estás haciendo tu proceso de sanación, sin embargo te queda lo último el gran salto cuántico, saltar al precipicio y ahí está tu acto de Fe, sin olvidar los grandes cambios que debes hacer en tu vida. Es obvio que debes hacer cambios profundos, no puedes seguir actuando como lo has hecho hasta ahora, no tendría sentido.

Ahí como en la Biblia con la prueba de Jesús y del diablo en el desierto, que en realidad era la prueba de Jesús con su mente.

Es realmente un acto de FE. Es seguir actuando como si lo que quieres en lo más hondo, ya lo tienes y confiar plenamente en tu equipo, recordando que antes de venir aquí, que todo fue acordado con nuestros Guías, Maestros y Seres queridos, que todo forma parte de mi plan de vida, de tu plan de vida y de la evolución de mi alma, de tu alma. Así que os puedo decir que mi mente no para, proponiéndome soluciones que me llevan a lo mismo, pedir para salvar este momento, con lo mismo endeudándome más. Y está claro que para llevar a la mente hacia tu propósito, convencerla, hay que hacer verdaderos retos, desafíos para que vea que no existe este miedo, dado que eres un ser divino. Y esto lo iré contando en mi segundo libro de la Trilogía *Nuevos comienzos. Rendición, Liberación y Ascensión.*

Y no le hago caso a mi mente, le digo que esto no, que acepte colaborar o que si no lo hace, nos vamos a perder esta gran oportunidad que se nos presenta de cantar, bailar, haciendo el videoclip, promoverlo, darnos a conocer a nivel nacional e internacional con esta maravillosa canción compuesta, con esta magnífica colaboración con Carlos Mansa y cumplir con nuestro gran propósito dentro de un Bien común. Ahí están los *Nuevos comienzos*.

Comparto con vosotros *Baila para ti* que encierra un mensaje universal que os dejo descubrir a través de la letra:

BAILA PARA TI

Prananana, prananana, pranananana...
Siente la música que vibra en ti,
que vives por y para ella,
que respira y se expresa
y se nota en tu sonrisa.
Es pura alegría, felicidad.
Recuerda,
es el lenguaje secreto del alma,
no importa la edad,
solo baila,
sé tú mismo, tú misma.
ESTRIBILLO
Salsa, bachata, samba o sevillana,
solo te pido que Aquí y Ahora
baila, baila, baila para ti.
Que eterno este instante sea,

Aquí y Ahora, Ahora y Aquí
Ne t'arrête pas
Baila, baila para ti.

Prananana, prananana, pranananana...

Vive este momento presente,
no hay nada más importante
que disfrutar de este instante.
Aquí y Ahora.
Y ya verás cómo la música y el baile
unen a la gente,
a los pueblos del mundo entero,
y disfrutar el momento.
Todo se contagia,
y una cadena humana se forma,
cantando y bailando, este lenguaje del alma,
lenguaje universal que te ancla,
en el momento presente, Aquí y Ahora.
ESTRIBILLO
Salsa, bachata, samba o sevillana,
solo te pido que Aquí y Ahora
baila, baila, baila para ti.
Que eterno este instante sea,
Aquí y Ahora, Ahora y Aquí
Ne t'arrête pas
Baila, baila para ti.
Cualquier baile que sea,
no importa la edad,
déjate llevar por la música,
de esta melodía,

baila, baila para ti
Ne t'arrête pas
Sens en toi cette immense joie,
Chante et danse avec moi.
Danse pour toi.

Prananana, prananana, pranananana...

Podéis escucharla si le dais al *link* siguiente:
https://www.youtube.com/watch?v=g3bHdVkM3Vg
Baila para ti Geneviève Nieto
Letra Geneviève NIETO
Música: Carlos MANSA
Página web: https://genevienieto.com/

La portada del libro es el final del vídeo de la canción y he escogido esta foto, precisamente porque de manera instintiva, intuitiva cuando hicimos el videoclip me salió esta expresión corporal como esta Unión Cielo, Tierra, "Como es Arriba es Abajo, como es adentro es afuera", nuestra Unidad con el Universo, con nuestro Padre, la Fuente divina, esta Energía superior, nuestra colaboración con el Quinto Reino…

El miércoles 08 de agosto de 2018 fue el día de la grabación del videoclip, confiaba plenamente en mis Maestros, Guías y Seres queridos.

Me llegó esta mañana un mensaje del Ser que hizo el papel de Mar y que desempeñó un papel importante para mí en mi despertar, diciéndome que desde la serenidad, todo transcurre normalmente y la verdad, puedo escribir que me siento muy muy serena, aunque mi situación es la que es, siento paz y serenidad.

Me gustaría citar estas oraciones que reflejan mi estado de ánimo en este preciso momento:

El Arcángel Chamuel: *"La Paz llega cuando nos acordamos de que solo el amor es real."* Extraído de las cartas adivinatorias de los Arcángeles de Doreen Virtue.

También me encantan estas frases:

"Cuando en una familia surge un buscador es porque este encarna el deseo de todo el clan, para salir de las repeticiones e ir hacia adelante." Extraído de los mensajes publicados en los carteles de El camino hacia la Luz.

"Detrás de cada prueba siempre te espera una bendición" Extraído de los carteles publicados en Internet por las redes sociales Facebook y otros por El Camino hacia la Luz.

"Fe... es dejar a Dios tomar el control" Extraído de los carteles publicados en Internet por las redes sociales Facebook y otros por Pensamientos positivos. Esta me encanta.

"Cuando te permites lo que mereces, atraes lo que necesitas." Extraído de los carteles publicados en Internet por las redes sociales Facebook y otros por El Camino hacia la Luz.

"Cuando aceptas profundamente este momento tal como es, tome la forma que tome, estás sereno, estás en paz." Eckhart Tolle, autor del Poder de Ahora.

"Solo se puede aprender y evolucionar cuando se comprenden las pruebas que la vida te ponen delante. Sin comprensión no hay evolución, y para lograr comprender es esencial: escuchar, observar y meditar." Extraído de los carteles publicados en Internet por las redes sociales Facebook y otros por El Camino hacia la Luz.

"El viaje a tu interior, es el viaje a tu soledad absoluta. Solo cuando disfrutas de tu soledad, tus relaciones son auténticas porque no te relacionas desde la soledad, sino del compartir el dar lo que ya tienes y se desborda dentro de ti." Osho.

Precisamente con la cita anterior, entiendo por qué en este preciso momento de mi vida me encuentro sola, en este nuevo barrio donde vivo ahora que no es por casualidad, donde me encuentro a gusto viviendo como en el campo en medio de la ciudad, unos lo miran y dicen pero por qué has venido a vivir aquí y contesto por circunstancias, es lo que en este preciso momento de mi vida y piensas más allá de todo lo que tú crees que es lo que te está pasando es tu realidad, es precisamente en este barrio con su gente muy variopinta donde encuentro mi serenidad y paz interior. Y sé que aquí no estoy por casualidad y que puedo aportar mi contribución. No me bajo a las circunstancias, mantengo la vibración alta, y me siento muy agradecida por vivir aquí en este momento de mi vida.

Gracias, gracias, gracias por todo lo vivido y por las cosas maravillosas que están por llegar a mí.

Otra oración que me gusta mucho y que también forma parte de estas oraciones que me han interpelado y que me gustaría compartir con vosotros/as:

"Medita sobre la verdadera realidad. Todas las ilusiones son como la escarcha o el rocío que se extinguen, bajo la luz de la sabiduría" Buda.

Estas oraciones cuando las leo y repito me ayudaban mucho en el proceso.

Como un balance de los días anteriores vividos, el día de la grabación del videoclip fue algo mágico para mí. Me encantó, lo disfruté como si fuera un juego, las diferentes tomas que me tomaron Pau Destrol e Iván Pérez me anclaban en el momento presente, diciéndome que todo esto era lo que quería, formaba parte de mi sueño que se estaba cumpliendo y me sentía tan feliz, una inmensa alegría tal y como lo canto en la canción se empoderaba de mí y me hacía sentir doblemente feliz.

Y me pasa lo mismo con mi colaboración con Carlos, en cuanto a la fusión de la música y de la letra.

Por la noche al volver a casa me sentía tan llena de una profunda gratitud, que me notaba cansada, un cansancio sano que te hace sentir que has jugado tanto, has dado todo lo que podía dar de ti que te habías quedado exhausto/a. Así que gracias, gracias, gracias, Padre, al Universo, a la Fuente divina, gracias a mí mismo/a por permitirme todo eso como merecedora de todo lo que me estaba llegando con la aparición en mi vida de estos Seres tan profesionales como Tania, Carlos, Pau e Iván.

De hecho, esos días que me veo a punto de sacar a la luz mi proyecto, mi sueño, mi misión del alma, me llegan mensajes de los ángeles que me dicen que están conmigo los Maestros en el proceso de la Manifestación que es la combinación del 1313 ya evocada anteriormente:

1's y 3's, como 133 o 113 – Los maestros ascendidos están trabajando contigo en tus procesos de pensamiento. De muchas formas, están actuando como mentores, enseñándote el conocimiento antiguo que se relaciona con la manifestación. Te están enviando energía para que no te sientas desanimado, y el valor de estar enfocado en las metas verdaderas de tu alma. Adicionalmente, los maestros ascendidos pueden estar ofreciéndote consejo, guía y sugerencias en el propósito de tu vida. Siempre, sin embargo, te enseñan que cada creación comienza al nivel de un pensamiento o idea. Pídeles que te enseñen a elegir sabiamente eso que deseas.

Y de hecho descubrí el montaje final del videoclip el 13 de agosto y se colgó en YouTube el 13.

Otra combinación como la 5050: *"Un mensaje importante que te permite saber que los cambios en tu vida están en el orden perfecto y Divino. Son un regalo de Dios y están en alineación con la voluntad que Dios tiene para tu Ser superior."*

Cómo no sentir una inmensa gratitud cuando te llega y lees este mensaje.

Realmente la "Espiritualidad es un grado de conciencia" y la Felicidad un estado de conciencia. Que cuanto más medites, más te encuentras y conservas el estado de serenidad que tienes en la meditación, que te permite conectar con tu interior, con primero al observar lo que pasa, es importante que adoptes el papel de Observador/a para ver y sentir lo que te está pasando. Aquietar la mente es lo primero y una tarea que va más allá de dejar pasar estos pensamientos.

Pensar que a lo largo del día según donde estemos y con quien estemos en el autobús, en un lugar público donde haya mucha gente, se unen nuestros pensamientos con los del colectivo, pensamientos nuestros y los que no son nuestros. Al meditar, el tema de la respiración es fundamental para ayudarte a aquietar la mente porque al conectar con tu respiración, y me refiero a la respiración abdominal te permite tranquilizar el sistema nervioso y anclarte en el Aquí y Ahora. Luego como Observador/a es bueno tomar conciencia de que no eres el cuerpo físico, no eres las emociones, no eres la mente, que los tres son herramientas. El cuerpo físico que te ha sido prestado por la Madre Tierra y que se le devuelve cuando hemos terminado nuestro tiempo aquí, le permite el Espíritu que eres, desplazarse por este planeta; en cuanto a las emociones, tampoco eres estas emociones que te pueden invadir a lo largo del día, me refiero a energías negativas como la pena, la tristeza, el rencor, el enfado. Ahora si se trata de la alegría, disfrútala porque es una energía positiva que te conecta con tu verdadera esencia. Y la mente, no eres la mente.

Debemos tomar las riendas de la mente que también es una herramienta, si nos dejamos llevar por la mente, el Ego, la personalidad que va a querer permanecer en su zona de confort, con su sistema de creencias limitantes, filtrando lo que no le interesa, nos vemos con la prueba de que como bien dice Francisco, Lain, debemos recordar que la mente quiere ser el Amo de la casa y no el mayordomo, por lo tanto lo que nos toca hacer desde la plena conciencia es tomar las riendas de nuestra vida y plantearle cara a nuestros miedos, nuestras creencias que tanto nos limitan y frente a estos retos, desafíos, enfrentarnos a ellos. Y me repito cuando ves que no puedes hacer más, estás como Moisés delante del mar y que ya no depende de ti el seguir, cedes el control a la Providencia, a Dios, al Universo, a la Fuente divina. Como muchas veces comprobamos, por mucho que puedes saber o crees que sabes la teoría, la práctica en tu vida diaria te trae las pruebas necesarias para tu evolución y ahí es cuando ves realmente si lo teórico lo tienes asimilado o no, por decirlo de alguna manera.

Y te das cuenta de que no sabes nada, que para que las Puertas del Cielo se te abran, tienes que entrar como si fuese un niño, con la inocencia de un niño. Recuerda que no sabemos nada... Seguro que todo lo evocado a través de estas líneas te resuenan muchísimo.

Y por otra parte si estás en la carencia, en la escasez es que has vivido tu vida egoístamente, has hecho lo que quería sin pensar en aportar algo para un bien común para la Humanidad.

Hemos venido aquí a disfrutar, sanar lo que toca sanar, y con una misión para un bien común para la Humanidad, hemos venido para conectar con el alma y así poder trascender las emociones que nos impiden ser plenamente libres y conectar con el Quinto Reino, el reino de los Maestros, del Mundo angélico para una estrecha colaboración y recordar que nunca estamos solos/as. Siempre nos acompañan, velan, nos guían, dejándonos nuestro libre albedrío.

Y mientras sigo adelantado paso a paso hacia mi sueño hecho realidad, mi misión de vida, suceden más pruebas por el camino, porque realmente lo viejo tiene que caer para que nazca lo nuevo, en mi caso estoy hablando de volver a nacer, de *Nuevos Comienzos, Rendición, Liberación, Ascensión* que será el título de mi segundo libro, y hay patrones de los que te tienes que deshacer porque no encajan en tu nueva vida, no pueden estar porque te has convertido en otra persona, completamente diferente a la anterior, te has despojado de todo lo que ya no servía, de lo que has sanado a lo largo de estos años de pruebas que has ido superando y te han hecho más fuerte y han hecho que te convirtieras en la persona que eres ahora. Todo lo sucedido formaba parte de tu aprendizaje, para la evolución de tu alma y como bien dice Lain, el legado que vienes a dejar es contarlo para poder ayudar a otros a partir de lo que te ha tocado superar. Por lo tanto si te ves ya en el umbral de la puerta de lo que va a ser tu nueva vida con tu misión, lo que no está bien tiene que ser sanado.

De hecho, estos días me ha tocado tomar conciencia a través de una sucesión de hechos que se me iban repitiendo, me he visto involucrada en circunstancias con Seres que aprecio y que me han permitido tomar conciencia de que debía sanar aspectos de mi Ego que me llevaba hacia un comportamiento que cuando me serenaba, me decía, pero cómo he podido actuar de esta manera. Esta actitud no soy yo, y cuando te das cuenta de esto habla tu Conciencia.

Te permites ser el/la Observador/a y tomar distancia de los hechos, de las circunstancias, de las personas, de las emociones y de la mente que te lleva adonde te quiere llevar, hasta que digas "Basta, qué estoy haciendo." Estos aspectos que me tocaban sanar van estrechamente relacionados y te sonarán. Bien dice Lain, más que un Best Seller lo que estamos escribiendo es nuestro camino de sanación al plasmar por escrito nuestras vivencias que nos ayudan a sanar lo que se debe sanar y van a permitir ayudar a otras personas. Es cierto que por mucho que te lo puedan decir gente que lo ve desde fuera y por tu bien, te lo dicen pero tú, sigues con tus trece porque el Ego te hace creer que lo controla todo, que no pasa nada, hasta que no te pegues contra la pared, no hay rendición y tampoco redención.

Y ¿por qué has actuado así? ¿Qué es lo que te ha empujado a hacer lo que has hecho? Y había una voz que te decía en lo más hondo que cabía la posibilidad de que no se lo tomara bien... y tú para adelante... y pase lo que pase... Tal vivencia te obliga a hacer los cambios adecuados porque si no los haces te ves condenado a seguir repitiendo lo mismo, una y otra vez hasta que lo superes y lo veas claramente. Lo primero es identificarlos, luego es aceptarlos y no juzgarse porque todo lo sucedido forma parte de tu aprendizaje, trascenderlos con un cambio de actitud desde la conciencia que te conecta con tu verdadera esencia que no es todo lo mencionado antes, y agradecer lo sucedido, agradecer a los Seres, han formado parte de esta obra de arte, cada uno con su papel para que pudiera superar lo que te toca y ellos también teniendo su parte por sanar. Porque también por ambas partes hay cosas por sanar, lo que no le ha gustado de mí a este Ser es un reflejo de lo que le toca trabajar, así como para los otros Seres que se vieron involucrados en la misma obra de teatro. Pero a mí esta parte no me incumbe, ya tengo bastante con sanar lo mío, con mi parte. Cada uno debe ver lo suyo. Por lo tanto debo proceder a unos cambios en cuanto a mi actitud, el perdón es importante hacia la persona y contigo mismo/a, si no te perdonas no hay progreso. Y más allá de todo lo mencionado, un deseo de reconocimiento, de consideración, más allá de la carencia, para resumir Amarse por encimar de todo. Ver la maravillosa belleza del Ser que tú eres, tu verdadera esencia.

Si me Amo plenamente, no tengo ninguna necesidad de consideración, como que más allá de buscar que te ame todo el mundo.

Si cuento todo esto y comento que uno se da cuenta desde la plena conciencia, es obvio que está muy presente en este proceso evolutivo el maestro Ismael, mi equipo, mis Maestros, mis Guías y mis Seres queridos, así como el reino angélico están muy presentes y siempre me acompañan y nos acompañan a todos. Cada uno con lo acordado antes de venir aquí, lo que está por trabajar en esta vida, recordando que luego intervienen los Maestros según en qué momento evolutivo te encuentras, y están nuestros Seres queridos de esta vida o de vidas pasadas que pueden seres familiares o amigos. Y los grandes cambios que están ocurriendo ahora en mi vida, fueron a raíz de las plegarias que hice por cambiar por completo mi vida, que quería libre de este miedo a la carencia, a la escasez, romper el patrón repetido y hacerlo para liberar mis antepasados, a mis descendientes y poder ayudar al planeta, a la Humanidad dentro del Plan divino, dentro de un bien común.

También debemos recordar que como bien dice este proverbio Zen: *"Ser la calma es el logro más alto del Ser."* *"A un alma elevada ninguna ofensa la alcanza."*

En todo este trabajo de Conciencia que nos lleva hasta la Liberación, me gusta mucho esta parte que voy a reflejar aquí, que son la fuente del Budismo, aquí un resumen de los ocho pasos o etapas de la Liberación:

LAS OCHO ETAPAS DE LA LIBERACIÓN

1º Etapa: LA VISIÓN PERFECTA

Esta primera etapa y primera parte del camino tiene que ver con intuición espiritual. Es a través de esta visión, de esta intuición o experiencia sobre cómo son las cosas que comenzamos o decidimos comenzar el viaje.

2º Etapa LA EMOCIÓN PERFECTA.

Solo cuando lo que sabemos o lo que intuimos respecto a la verdad de las cosas, penetra en nuestro Yo emocional podemos pensar en transformación. Para alguien cuya visión de la existencia se ha abierto totalmente (un Buda) la transformación también es perfecta, eliminando todo rastro de deseo neurótico, de odio y crueldad; mientras que por otro lado despliega amor, compasión, alegría por la felicidad ajena, profunda tranquilidad y generosidad sin límite.

3º ETAPA: EL HABLA PERFECTA.

El habla tan importante, de ahí cuidar nuestra manera de hablar y las palabras que salen de nosotros/as.

El habla perfecta se describe como un habla que es: verdadera, afectuosa, útil, que fomenta la concordia la armonía y la unión. Si trabajamos con nuestra habla o comunicación pronto nos daremos cuenta que nos lleva directamente a trabajar con:

- Atención consciente y claridad mental, Autoconocimiento, nuestros sentimientos (preferencias y prejuicios).

Y con nuestras proyecciones: (Diría mejor con proyección e introyección), y con nuestros hábitos y los hábitos sociales: (el habla superficial, el habla crítica, el cotilleo, la murmuración).

4º ETAPA: LA ACCIÓN PERFECTA

Si nuestras acciones están basadas de algún modo en estos estados, (Odio, Avidez, Ignorancia) entonces son, tal y como dice el Dharma.

Por el contrario si el estado de mente que sustenta nuestros actos están basados en:

- Metta: Es decir en estados mentales creativos, amables, bondadosos y claros, y en la Generosidad. Entonces nuestros actos son hábiles o creativos, o sabios.

5º ETAPA: SUBSISTENCIA PERFECTA

Alguien que sigue un camino de desarrollo espiritual debería abstenerse de ganarse la vida dañando o perjudicando a los demás.

6º ETAPA: EL ESFUERZO PERFECTO

El esfuerzo perfecto específico, es decir esta sexta etapa del camino consiste en una serie de cuatro ejercicios:

1º Prevenir: Prevenir el surgimiento de estados mentales torpes.

2º Erradicar los estados mentales torpes que ya tenemos.

3º Desarrollar los estados hábiles no son solo meros "buenos pensamientos" sino estados más refinados o superiores de consciencia.

4º Mantener, para así prevenimos o impedimos el surgimiento de estados torpes.

7º ETAPA: LA ATENCIÓN PERFECTA

1. Atención consciente en las cosas.
2. Atención consciente en uno mismo.
3. Atención consciente en los demás.
4. Atención consciente en la realidad.

8ª ETAPA: EL SAMADI PERFECTO

La palabra Samadi significa "estado del Ser firmemente establecido".

Puede entenderse de dos formas: La mente establecida en un solo objeto y esto tiene el sentido de concentración mental meditativa, y por otro lado, yendo mucho más lejos, es el establecimiento del Todo el Ser en cierta disposición de Consciencia, lo cual sería Samadi en el sentido de Iluminación.

Fuente: Budismo- Origen del Vacío-

Hoy en día me encantan los mensajes que me dan esta misma paz y serenidad de la religión budista o hinduista. Me encanta leer, no solo los libros sino también cualquier mensaje que me llega. Te llegan en un momento preciso como mensaje personal para ti en este preciso momento de tu vida. De hecho me encantó esta reflexión personal de un contacto de Instagram, en este caso el de Instagram Davidgcols:

"Cuando seamos capaces de comprender, que nos consume mucha más energía el hecho de sostener que el soltar habremos integrado una pieza clave para aumentar nuestra vibración y conectaremos con el bienestar que tanto anhelamos y una de las grandes señales de que algo ya no debe estar en nuestra vida es justo ésa. Cuando toda tu energía, tu intención, tu atención, y tu vida gira en torno a sostener algo. Cuando debes comprender que si sigues aferrado en cualquier momento se romperá y será irreversible. Entonces, antes de aferrarte evalúa tu situación y ACEPTA. Acepta, que la vida es un cambio constante y que las personas y las situaciones van y vienen. Que por más difícil y absurdo que sea lo que te sucede debes encontrar paz hacer las paces contigo mismo. Nada llega a tu vida por casualidad, ni tampoco para destruirte, tan solo viene para construir una nueva versión de ti mismo."

Gracias, gracias, gracias, Hermano de luz...

Debemos recordar que *"Aquí y Ahora, en cada instante, recreamos un mundo desde NUESTRA PERCEPCIÓN de la realidad."* Como bien lo subrayan estos carteles de Un camino hacia la Luz.

Cuando se recibe una información que nos viene de los Maestros, Guías y Seres queridos, es importante confiar en nosotros y transmitir lo mejor posible lo que nos llega.

Durante un trabajo de sanación con los Registros, es obvio que para sanar la comprensión de lo que ha ocurrido es lo que nos va a llevar a la Aceptación y al Perdón. Cuando se acude a los Registros Akáshicos un proceso sanador está a punto de ocurrir.

Se puede acudir al Hospital de Luz, donde están los Seres de Luz de sanación para un auto-tratamiento, utilizando una oración que vimos durante la formación... También con el permiso de la persona, si te lo da puedes llevar mediante una oración a la persona al Hospital de Luz.

Siempre que se hace un trabajo de sanación para otro ser, se ha de pedirle su permiso. He hecho hasta ahora unos cuantos trabajos de sanación para seres conocidos o no, siempre con el permiso de la persona es muy importante. En este caso teniendo uno mismo sus Registros abiertos, se procede a la apertura de los Registros de la otra persona. Se puede hacer un trabajo de lectura con preguntas ya evocadas en el capítulo anterior y/o colaborar con los Seres de Luz del Hospital de Luz, teniendo en cuenta que se sanará lo que está permitido dentro del plan evolutivo del Ser que solicita este trabajo de sanación.

Si se le lleva al Hospital de Luz, se ha de leer una oración concreta al respecto. También se puede proceder a un trabajo de limpieza energética del aura con el equipo de la persona y mi equipo de los Registros y seguir con un trabajo más profundo que va a tocar directamente las Interferencias, Bloqueos, Creencias limitantes, procediendo a un trabajo de sanación general o de una situación o por Temas. Son Limpiezas energéticas de diferentes bloqueos e interferencias, tanto internas como externas. Como bien nos lo especifica Diana en nuestra formación y en sus escritos los bloqueos o interferencias internas son aquellos que son generados por el propio individuo: conflictos, emociones, formas de pensamiento...

Y los bloqueos o interferencias externas son aquellos que no han sido generados por el propio individuo, sino que han sido adquiridos en cualquier circunstancia, adheridos en cualquier lugar de baja frecuencia...

Es importante recordar que toda la carga que podamos llevar no es necesaria para nuestro aprendizaje. Para hacer este trabajo de sanación con el Ser que te ha dado su permiso, es necesario confiar en el trabajo que se hace, mucha práctica, compasión y comprensión ante lo que se va observando, perseverancia y Amor.

Dentro de la lista de Interferencias internas y externas, se pueden tratar los 23 puntos siguientes.

1. Muro/Barrera Emocional.
2. Muro/Barrera Escondido.
3. Entidades.
4. Guías negativos o falsos.
5. Implantes.
6. Programas o creencias limitantes.
7. Vínculos con reinos de la oscuridad.
8. Votos y Promesas.
9. Contratos y Pactos.
10. Magia negra.
11. Maldición.
12. Energía de Muerte.
13. Lazos, Cordones y Ataduras.
14. Portal energético.
15. Impronta negativa.
16. Coraza o Fachada energética.
17. Cara desequilibrado – Trauma.
18. Bloqueo o taponamiento energético.
19. Traumas y Fobias en el inconsciente.
20. Karma residual.
21. Memoria celular.
22. Toxinas.
23. Emoción.

No voy a entrar en detalles en cuanto al significado, solo comentar que todo ayuda en el proceso y que precisamente en este momento de mi vida, me centro en ser Observadora de mis pensamientos, emociones, de mi cuerpo físico si me manifiesta algo y desde la plena conciencia, llevo mi atención e intención, y actúo haciendo los cambios necesarios en cuanto a los pensamientos, emociones lo que de hecho repercuta en mi cuerpo físico si algo se ha manifestado, dialogando con el maestro Ismael, mi equipo de los Registros, los Arcángeles y Ángeles.

Después de todo lo evocado para entender mejor todo el proceso, se procede a una búsqueda mediante la utilización del péndulo, a partir de tablas ya establecidas, y se trabaja con las oraciones conjuntamente con los Guías, Maestros y Seres queridos de la persona que ha dado su permiso, con mi propio equipo e intervienen según la oración el Arcángel Miguel y el Espíritu Santo.

Con esta colaboración se consiguen resultados de sanación dentro del plan del alma, del proceso evolutivo de la persona que da su permiso, se decide lo que está permitido sanar.

Me encanta porque siempre te guían y cuando se lo comunicas a la persona todo el proceso y le preguntas si hay cosas que le resuenan, con precisiones de edades o hechos que te hacen llegar los Registros y te dicen que sí, es muy gratificante el sentido de que te sientes muy agradecido/a por poder ayudar así de esta manera, sabiendo que muy pronto no hará falta porque cada Ser conectará con su alma y no necesitará una ayuda externa, reconociendo el poder y el potencial ilimitado que tenemos todos por conectar con nuestro Yo Superior y dejándolo expresarse plenamente en nosotros y sanar de hecho lo que toca sanar, pero de momento hay que seguir el proceso.

Aquí me gustaría contar una anécdota con unos veinte años: tuve una bronquitis que se me complicó en neumonía agudo con mancha en el pulmón, lo provocaba un dolor tan fuerte que no me podía mover, ni girar a la derecha, ni tampoco a la izquierda, diciendo a mi madre que me quería morir.

Entonces fue cuando oí una voz interior que me dijo: "Tranquila, que de eso vas a salir". Me quedé tan atónita, tan sorprendida, preguntándome de dónde venía esta voz interior... La voz de un miembro de mi equipo... Al día siguiente mi madre cambió de médico, que vino a casa y dijo: "Venga rápido, hay que empezar ya las inyecciones" porque claro está, me iba, me iba a morir. Y la verdad con las inyecciones me recuperé en una semana, tuve tratamientos de prevención y cuando me recuperé del todo, me confesó este médico el doctor Ollagnier en Francia que si hubiera sido una persona mayor, aquí no estaría.

Mi tiempo aquí aún no había acabado.

Debía llegar este momento para que pudiera contarlo Aquí y Ahora, en este momento de transición de las dos Eras, la de Piscis y la de Acuario, para contribuir con mis Hermanos a recordar quiénes somos todos y nuestra colaboración con el Quinto reino.

También me gustaría contar otra anécdota que me pasó hace unos años en una discoteca de Valencia para que se vea que cosas de karma llevamos todos, y que desde la conciencia podemos ver cómo ya en esta vida este karma se puede acabar desde tu nivel o grado de conciencia. Pero quiero que veáis cómo se manifiesta nuestro equipo para protegernos y que todos lo veáis desde la plena conciencia porque cada uno de nosotros tenemos anécdotas por el estilo, todas más extraordinarias y mágicas.

Estábamos bailando en una discoteca de Valencia cuando alrededor de mí había dos chicas también que estaban bailando, una tenía un aspecto muy serio; por mi parte, bailando muy feliz, de repente una de las dos, me empuja. Me giro y como sabía que no le había hecho nada, le pido disculpas por si acaso, no le había tocado, no le había pisado. Fue cuando su amiga, vino cara a mí, me cogió por el pelo, para impedir que me moviera y empezó a darme golpes al estómago, solo dije, protegerme, y la verdad no sentí todos los golpes que me daba, no sentí nada, mi amiga que estaba conmigo intentó separarnos y sí que ella recibió los golpes; cuando agotada, me soltó la chica, el guardia de seguridad se acercó, sé que fui al baño y tenía un pequeño corte en el labio, pero bien sin dolor en el estómago, agradecí y le pedí al Arcángel Rafael que se me sanara el labio. Cuando salí del baño ya no tenía el corte, fue una sanación instantánea, fui a cara de la chica y solo le dije, te das cuenta de lo que has hecho, sería para denunciarte, lo que no hice, y ella muy tranquila, exhausta, no me contestó. Decidí quedarme en el sitio donde bailaba, las chicas otra vez detrás de mí, y mi amiga quería que cambiara de sitio y le dije que no había hecho nada, no veía por qué debía cambiar de sitio, este sitio me gustaba, las chicas se fueron, mi amiga enfadada se había ido a otro sitio y poco después se acercó a mí con una gran sonrisa, y yo feliz otra vez bailando. Mi amiga me dijo que una voz le había dicho que volviera donde estaba y que se quedara conmigo. Y así pasó... Era una cosa del karma con estas chicas, y se acabó aquí.

Me sentí muy agradecida porque era consciente hubiera podido terminar en el hospital.

La Meditación en mi vida cotidiana

De ahí me gustaría evocar la importancia en nuestra vida de la Meditación. Seguí la formación con Francisco Redondo Mithila en Valencia, España y es mi primer mentor o instructor a nivel espiritual. Para mí cuando nos conocimos, fue una gran revelación. *"Cuando el alumno está preparado, llega el Maestro"*, frase que nos repite Lain y es cierto a nivel terrenal y también en tu fase evolutiva espiritual, llega y oyes a tu Maestro interior, en mi caso al maestro Ismael que te acompaña en este preciso momento de tu vida.

Medito todos los días en casa, por eso me gusta madrugar porque me gusta tomar mi tiempo; en el tercer capítulo comento cómo suelo proceder en mi meditación, aunque la verdad haya una base que seguir, luego es cierto que con la práctica y la Constancia, tu Fe en el proceso vas descubriendo las diferentes fases cuya finalidad es conectar con el alma, sientes una inmensa paz y serenidad. Es un verdadero viaje interior que comienza.

Sigo con Francisco cada miércoles Raja Yoga Meditación, donde hacemos meditaciones grupales de servicio para el planeta, a veces para Seres y de prácticas, con charlas. También hice la formación de Instructor de Meditación - Mindfulness con Francisco, dado que me he visto en diferentes circunstancias guiando una meditación grupal. Y una vez al mes, hacemos nuestro servicio como almas para el planeta para elevar la vibración. Nos reunimos en el Instituto Luis Vives de Valencia, para meditar y cantar el Om, siguiendo así nuestra colaboración estrecha con los Maestros, con el Quinto Reino. Descubrí de hecho la Gran Invocación, que también evoqué en mi libro *Un nuevo amanecer* y cuyo extracto podéis ver a continuación, y que decimos el Día de la Meditación grupal de servicio de la Meditación de Plenilunio en el Instituto Luis Vives en Valencia, España y durante nuestras reuniones semanales de Raja Yoga Meditación:

* LA GRAN INVOCACIÓN

Desde el punto de Luz en la mente de Dios,
que afluya Luz a las mentes de los hombres;
que la Luz descienda a la Tierra.
Desde el punto de Amor en el corazón de Dios,
que afluya amor a los corazones de los hombres;

que Cristo retorne a la Tierra.
Desde el centro donde la Voluntad de Dios es conocida,
que el propósito guíe a las pequeñas voluntades de los hombres,
el propósito que los Maestros conocen y sirven.

Desde el centro que llamamos la raza de los hombres,
que se realice el plan de Amor y de Luz,
y selle la puerta donde se halla el mal.
Que la Luz, el Amor y el Poder restablezcan el Plan en la tierra.

Alice Bailey (Mánchester, Lancashire, 16 de junio de 1880 – Nueva York, 15 de diciembre de 1949) escritora inglesa. La "Gran Invocación" es un mantra o rezo que la escritora afirmó haber recibido del maestro Djwhal Khul para ser entregado a la humanidad para acelerar el desarrollo evolutivo humano. Fue publicado en abril de 1945 y desde entonces ha sido traducido a más de 80 idiomas

"También me siento muy agradecida por participar

a las meditaciones grupales de Plenilunio,

una vez al mes organizadas por Francisco,

en el instituto Luis Vives de Valencia

agradeciendo esta conexión con el quinto reino,

con todos los Seres del planeta meditando al mismo tiempo

para que estén unidos el cielo y la tierra,

para que bajen estas nuevas energías

y que una vibración de Luz, Amor y Voluntad

se manifieste en toda la Humanidad

para vivir todos en un mundo mejor."

Extraído de mi libro *Un nuevo amanecer*.

Antes de cerrar este segundo capítulo, y seguir hablando de nuestra colaboración, nosotros, los Seres Humanos del cuarto reino ahora en nuestro proceso evolutivo con el Quinto Reino, el Reino de los Maestros y de los Ángeles, me gustaría citar otro poema que escribí para los Registros Akáshicos y me siento muy agradecida poder citar en este libro mi trabajo anterior hecho con poemas sobre este tema, no tan desarrollados porque eran solo poemas y no lo promoví como a mí me hubiera gustado, y nunca es tarde, y aprovecho esta gran oportunidad para hacerlo ahora. Así que gracias, gracias, gracias Lain por darnos esta gran oportunidad.

Por Internet llegó a mí esta invocación que leí en el momento porque me interpeló y unas semanas más tarde, Francisco nos pidió que cada día a las 17h con una foto de los miembros del grupo al que pertenezco de Raja Yoga Meditación, uniéndonos a los diferentes grupos de meditadores por el mundo recitáramos esta invocación que viene a continuación:

MANTRA DEL NUEVO GRUPO DE SERVIRES DEL MUNDO

"Que el poder de la Vida Una afluya a través de todos los grupos de verdaderos servidores.

Que el amor del Alma Una caracterice la vida de todos los que traten de ayudar a los Grandes Seres.

Que cumpla mi parte en el Trabajo Uno, mediante el olvido de mí mismo, la inofensividad y la correcta palabra."

LOS REGISTROS AKÁSHICOS

A través de estas líneas quiero agradecer a mis Maestros,
Guías y Seres queridos
que, al abrir y cerrar cada día mis registros,
están conmigo guiándome, susurrándome al oído,
una imagen apareciendo, una palabra resonando,
lo que saber me está permitido.
Estás como en una vibración de conciencia más alta,
lo que te permite ver las cosas con más claridad,
desde la observación y la serenidad,
desprendiendo paz y armonía.
A los Guardianes pides permiso
para poder tener acceso
a lo que son tus Registros.
Primero accedes a los tuyos,
quién eres, fuiste a lo largo de tantos recorridos,
de tantas vidas, que a tu alma le ha permitido,
seguir evolucionando y aprendiendo
para entender quién eres ahora,
y por qué a cada pregunta necesitas una respuesta.
Puedes hacer más de una lectura,
para ti, para los demás, para quien sea,
para cada cosa que nos rodea,
sobre el mundo mineral, vegetal, animal y mucho más allá;
y la respuesta te llegará,
quizás no enseguida, un tiempo corto de espera,
todo depende de cada uno y de su sensibilidad.
Sabes que nunca estás solo,

*y siempre acompañado
te pueden guiar o aconsejar, pero siempre dejando
que se manifieste tu libre albedrío.
También a través de los Registros,
puedes hacer limpieza y sanación y, cerrándolos,
agradecer
estos momentos únicos,
compartidos con ellos.
Muchísimas gracias por estar siempre a mi lado Maestros,
Guías, y Seres queridos.
Muchísimas gracias Diana por tus enseñanzas,
de corazón me siento tan agradecida...*

Extraído de *Un nuevo amanecer*

REFLEXIONES DEL DÍA:

Sé tu mismo/a, sé auténtico/a
alguien te puede inspirar,
pero sé tu mismo/a, sé auténtico/a,
alégrate por lo que tú eres, tu propia esencia,
es única y a la vez una, recuerda,
con todo lo que te rodea, es unidad...
Sé honesto/a contigo mismo/a,
aleja lo que no es amor en ti y en tu vida,
alégrate por tu felicidad y la de los demás,
ahí reside la nobleza de tu alma,
no la del ego, de la personalidad...
Ahí está la clave de tu paz interior, de tu alegría,
de tu felicidad.
Simplemente tú mismo/a y sencillamente amáte...

Geneviève Nieto

III

Sanación con los Registros Akáshicos, en colaboración para sanar el planeta Tierra

Esta foto es extraída de nuestras rutas de senderismo con Amigos Valencia, aquí Ruta del Agua por Chelva, Calles... organizadas por Neftali.

Me gustaría empezar este capítulo con el poema Madre Tierra que publiqué en mi libro: *"Un nuevo amanecer"*

MADRE TIERRA

Debemos cuidar de nuestro planeta,
y realmente tomar conciencia
de su importancia en nuestro día a día.
Tómate este tiempo para sentir toda su esencia,
con un paseo en plena naturaleza,

conéctate con ella,
con los pies descalzos camina,
siéntela en lo más hondo y recarga
toda esta energía que muchas veces se desgasta.
Siéntate debajo de un árbol y ahí reposa
para sentir toda su fuerza;
te la transmite, te la comunica,
Y aquí mismo descansa y medita.
A este mismo árbol dale un abrazo,
notarás su fuerza, su presencia
y tomarás conciencia de este noble acto,
y será un gran agradecimiento.
Cuidemos de sus mares y océanos,
que también tanto necesitamos,
el Hombre no es nadie sin la Madre Tierra,
y su presencia.
En ella reside cada reino:
el mineral, vegetal, animal y humano,
ella espera de nosotros un gesto:
amor, cariño y respeto;
y se lo debemos, ya que tenemos prestado
nuestro cuerpo como vehículo,
para vivir nuestra experiencia humana
nosotros, Seres de Luz; nuestro Ser en este cuerpo habita
y a volver a casa, el cuerpo que es materia vuelve a la tierra,
prestado por la Madre Tierra,
e inmortal, sube nuestra alma para volver a casa.

En nuestra formación con Diana, recordamos fundamentos esenciales como que la Tierra forma parte de lo que se llama Registros Mayores. Es un Ser vivo, con conciencia propia y estamos estrechamente vinculados con ella, vivimos en ella cuando venimos, nos da nuestro cuerpo que utilizamos para vivir esta experiencia humana. Recordar lo que vemos en muchos carteles espirituales: *"Somos Seres espirituales viviendo una experiencia humana."*

Es nuestra Madre y como bien nos dice Diana: *"Esta tarea para con ella, es la de divinizar la materia que utilizamos para manifestarnos y así ayudamos a este Ser a evolucionar, elevando la vibración."*

Todo el trabajo interior que hacemos al conectar con nuestra Alma, en esta nueva Era permite la elevación de la vibración. Estar en simbiosis con ella permite fluir con más facilidad. El alineamiento es *"un acto de Dar y Recibir"*, *"cuanto más lo haces más das y cuanto más das más recibes"*. Diana Solaz.

Leyes Universales, la importancia del Dar y Recibir.

Cuando el Ser humano crece y evoluciona ayuda a que la Tierra también lo haga. Es un acto de sanación hacia ti y hacia los demás a través de una sonrisa, de un abrazo, de una terapia, una palabra y la Tierra contigo se armoniza.

Cuando la Humanidad haya entendido que "Yo soy Tú y Tú eres Yo, que somos Uno con el Universo", entonces realmente habrá Paz, Luz y Amor en el planeta Tierra. Con este acto de conciencia, hacemos una gran labor por nuestro planeta Tierra. Como almas tenemos un trabajo grupal de servicio para elevar la vibración. Como lo mencioné en el capítulo anterior, una vez al mes nos reunimos en el instituto Luis Vives de Valencia para la Meditación grupal de servicio de Plenilunio una vez al mes. Cantamos el Om y decimos la Gran Invocación abriéndonos esta conexión con los Maestros y el Mundo angélico.

Como meditadora, para mí meditar forma parte de mi día y de la gestión de mi tiempo a lo largo de este día. Es obvio que hay que educar a la mente que no va a querer dejarte meditar y dejarte de hecho en la zona de confort, porque simplemente no le interesa perder el control, quiere seguir como bien dice Francisco siendo el Amo de la casa no el mayordomo, no quiere perder poder y ahí está nuestra conciencia. Ser plenamente consciente de lo que está pasando, tomar cierta distancia frente a lo que estamos viendo, observando y empezar todo el proceso interior de búsqueda de uno mismo, de nuestra verdadera esencia, un retorno a nuestro origen, a nuestra verdadera esencia.

Y no te va a dejar, porque te va a convencer de que la meditación no va contigo, que eres una persona activa y que lo de quedarse quieto/a aunque sean 10 minutos, te va a parecer todo un mundo, y te va a convencer de ello.

Todos pasamos por ello; soy una persona muy activa y quedarme quieta mucho tiempo requiere un esfuerzo, recuerdo que hace años decía, hablando del Yoga, esto no es para mí, necesito moverme, me encanta bailar, no voy a poder hacer movimientos, asanas, posturas tan lentas y luego la relajación final, una pérdida de tiempo que tengo muchas cosas que hacer, y tu mente te va a llevar donde quiera ella, y te lo dirá en plena clase de Yoga o en la relajación, pero bueno a ver qué estás haciendo, con toda la faena que tienes, en casa, en el trabajo, y que haces tú aquí tumbada, a ver...

Hasta que digas ya basta, este momento es mi momento, es para mí, lo necesito para conectar conmigo y aquietar justamente la mente, centrándome en las diferentes asanas que me proporcionan una tranquilidad por "donde llevo la atención y la intención, va la energía y se expande", la base de la metafísica, física cuántica. Y pasa exactamente lo mismo con la meditación. Aquietar la mente, los pensamientos y encontrar tu paz interior que te lleva hacia tu conexión con el alma, reconociendo que no somos solo lo que creemos que somos, es decir, Geneviève o Geno, Juan, María..., este nombre y apellidos nos han sido atribuido para tener una identidad en nuestro proceso evolutivo como humano en el planeta Tierra en este preciso momento de profundos cambios.

A continuación también escribí un poema sobre la Nueva Era y viene reflejado en *Un Nuevo amanecer:*

UNA NUEVA ERA

¿Por qué estoy aquí en este momento preciso?
Nuevas energías presentes con nosotros para ayudarnos
en este proceso.
Aquí con la humanidad que pide a gritos
profundos cambios.
Con un gran afán de justicia,
de Honestidad, de Verdad, de Conciencia.
Es como si de lo que nublaba nuestra vista,
pasáramos a una real clarividencia.
El poder no pertenece a unos cuantos,
sino a la voz del pueblo, todos juntos unidos,
para que una nueva sociedad vea el día
y retome unos valores universales propios de la
Humanidad

que parecían haber permanecido escondidos, para volver a salir con más fuerza en cada uno de nosotros.

Tenemos un papel que desempeñar en nuestro día a día, para que nuestra sociedad tan deseada de Amor y de Luz se fortalezca.

Me siento muy agradecida, por vivir estos momentos de transición tan importantes que solo son el comienzo de un mundo en el que viviremos en Paz, en Armonía, todo será maravilloso.

Nuevas energías en esta Nueva Era, un Despertar de la Humanidad con una real concienciación de lo que somos realmente, Seres divinos con una misión en esta Tierra, Espíritu en un cuerpo humano, prestado por la Madre Tierra para poder movernos Aquí y Ahora, teóricamente desde la plena conciencia, siendo este momento presente en el que el Ser divino que somos actúa desde su verdadera esencia.

Y la verdad cuando empiezas a meditar, al principio es cierto que tu mente no te va a dejar y te va a disuadir. Y lo primero es lo que hemos evocado anteriormente, debes tomar el control, mandas Tú, no Ella.

Ella es una herramienta más como lo es el cuerpo físico para desplazarte en el planeta Tierra, las emociones y las bajas vibraciones como pueden ser la ira, la pena, el rencor, la irritabilidad, la impaciencia, etc..., que no existen y están para que dentro de tu proceso evolutivo, ya no te identifiques a ellas y las vayas superando, trascendiendo, porque eres el Ser y por lo tanto eres Paz, Luz y Amor.

Y la verdad cuando te llegan estas emociones fuertes que llegan a desestabilizarte, te llevan a un estado que no es el tuyo.

Y aquí la Respiración es fundamental y nos hemos olvidado de ella, dejándola en un segundo plano. Estamos viviendo en un estado de Supervivencia, impuesto por la sociedad en la que vivimos y es donde debemos decir, ya basta, no soy este estado, no soy esto, que estoy haciendo, adónde voy...

Hay que saber parar, respirar y luego conectar con nuestro interior y escuchar. Tampoco sabemos escuchar. Cuando estamos con alguien, no lo escuchamos, más bien estamos buscando lo que le vamos a decir, sin realmente escuchar lo que nos dice y aquí tampoco estamos haciendo bien los deberes. Saber Parar, Respirar, Cerrar los ojos y Conectar con nosotros mismos, en este caso llevar tu atención hacia el entrecejo, donde se sitúa el sexto chakra, el Tercer Ojo y llevas ahí tu intención, la de serenarte, porque tú no eres esta agitación exterior. Vivimos constantemente a lo largo del día mirando hacia el exterior, buscando soluciones a nuestros problemas mirando hacia el exterior, y nos olvidamos de nosotros mismos, no conectamos con nuestra verdadera esencia, sí que tiene ella todas las respuestas..., porque Yo soy la Verdad. Porque todo esto no entra dentro del programa al que hemos estado acostumbrados desde muy jóvenes. Y estamos perdidos cuando se intenta serenarnos y aquietar la mente....

Seguimos avanzando de manera equivocada, día tras día... Bueno poco a poco, nos llega a todos cuando es el momento proceder al *Cambio*.

Y cuando hablamos de *Cambio*, palabra muy importante, porque ahí también miramos hacia el exterior, queremos cambiar el mundo... A ver Cambia tú primero, eleva Tu vibración, no critiques, no juzgues, controla tus emociones, tus actos, tus Pensamientos, tus palabras... ahí está la clave del Cambio, del gran Cambio primero para ti y tu entorno: familia, amigos, y luego afecta por supuesto a la Humanidad.

A nivel individual, si te tomas este tiempo para respirar, centrarte en ti, conectar contigo, con tu verdadera esencia, te darás cuenta de que esta paz interior solo por parar, respirar, dedicarte este momento para ti, Aquí y Ahora, es un momento único, especial que te va a permitir recargar tu sistema energético en cuanto a tu aura.

Sería para resumir nuestro trabajo interior.

Mediante una meditación grupal se puede realizar envíos de energía hacia la Tierra, hacia sitios donde hay catástrofes naturales, guerras, sufrimiento..., envías luz donde hay oscuridad y nace de tu corazón.

Como hemos comentado, tenemos nuestros Registros Akáshicos donde se encuentra toda la información de nuestros hechos, actos... Están juntos con los Registros de otros Seres, hermanos/as en un espacio en común que son los Registros Akáshicos de la Tierra. Ahí se encuentran registrados, todo lo que pasa en ella, sobre un mineral, un insecto, un vegetal, las formas de pensamiento creadas por el hombre, los quehaceres de un ángel, de un hada, las guerras, las diferentes épocas de una civilización.

Así para que este contacto fuese posible, se debería abrir tus Registros, los de la Tierra, sentir la energía de esta, conectar con su cuerpo etérico y sentirlo. Luego llenar tu cuerpo etérico de Amor, irradiar esta energía de Amor al cuerpo etérico de la Tierra, se hace lo mismo con el cuerpo astral, cuerpo mental y el alma. Así se procede al alineamiento.

En cuanto a los pasos para seguir para le sanación de la Tierra, se abren tus Registros, los del Sol y los de la Tierra. Y luego se ha de seguir todo un proceso que vimos en nuestra formación impartida por Diana. Es impresionante lo que se puede llegar a experimentar. La energía de la Tierra, es completamente diferente que la energía del Sol.

Así los Registros Akáshicos del Sol es como si estuviéramos hablando de nuestro Padre y cuando se habla de la

Tierra, se trata de la Madre, la que nos entrega nuestros cuerpos para que podamos movernos aquí en este planeta y experimentar en ella. El Sol nos proporciona la energía para que nuestros cuerpos vivan, la Madre la materia y el Sol la energía que da vida a la materia. El sol es Fuego, limpia interiormente, liberando emociones y pensamientos indeseados, quema y purifica.

Y también en lo que estamos evocando, no debemos olvidarnos de nuestro Sistema solar donde existen otros planetas con cada uno una energía diferente.

Mercurio: está vinculado con la comunicación, el intercambio de ideas, cómo entender el mundo y comunicarnos con los demás. Activa las facultades intelectuales del individuo y sus cualidades en el habla, la escritura, el aprendizaje y los estudios.

Venus: está relacionado con el amor y las artes.

Marte: aquí se habla del poder de tener el control de una situación, da fuerza para luchar y resistir.

Júpiter: está relacionado con la sociabilidad, los viajes, la comprensión holística, la filosofía, las creencias religiosas...

Saturno: es la fuerza de voluntad, la responsabilidad, la concentración y la constancia. Es el sentido del deber y la actitud de la persona frente a las normas establecidas por la sociedad. Está relacionado con el perfeccionamiento, la superación y la autocrítica.

Urano: viene vinculado con la originalidad, la revolución, la inspiración creadora. También con la independencia, la libertad, la rebeldía y el radicalismo que rompen con lo establecido.

Neptuno: simboliza la inspiración. Nos vincula con el mundo de los sueños y sensibilidad hacia los problemas de las demás: Está vinculado con la empatía, la compasión y el amor universal.

Plutón: es el planeta del cambio.

Así para un trabajo de sanación se pueden abrir tus Registros, los Registros del Sistema solar, se conecta con el Sol y luego te conectas con los planetas con los que deseas una energía en particular. Conectas con la Tierra.
Es obvio que después de este trabajo de sanación se cierran los Registros Akáshicos evocados.

Hay una oración que se lee para conectar con la Tierra. Todo lo evocado aquí en estas líneas proviene de lo que vimos en la formación de los Registros Akáshicos de Diana y de sus diferentes módulos.

Solo a través de estas líneas es poder tomar conciencia de todo el trabajo de servicio del alma que podemos desarrollar en el planeta Tierra, nuestro papel como Seres divinos en este cuerpo humano que viene aquí para crecer, evolucionar y cumplir con su papel de alma, preservando nuestra Madre Tierra.

Y te vas a hacer la pregunta siguiente, vale y ¿dónde está la oración? Y te diré que no pasa nada, que la tengas o no la tengas, recuerda que cada vez que vamos subiendo los peldaños de esta gran escalera, vamos cobrando un grado o nivel de conciencia y recuerda que lo importante es el *ENFOQUE*, dónde llevas tu Atención y tu Intención va la energía y se expande, por lo tanto si quieres hacer una meditación con otros Seres para el Planeta escucha tu corazón, deja, permítete que te guíe tu equipo de los Registros Akáshicos, los Maestros y el Mundo angélico y recuerda por fin que todo es perfecto dentro del plan divino.

Entonces a través de estas líneas cuál es nuestro papel Aquí y Ahora, precisamente en estos grandes cambios que sufre la Humanidad, estos momentos de transición hacia un mundo mejor, cuál es nuestro papel, lo que podemos hacer para preservar nuestro planeta, lo que se espera de nosotros, nuestra misión, la misión del alma, nuestro propósito, el por qué hemos venido aquí, cada uno de nosotros como almas con un papel determinado, que decidimos antes de venir aquí con nuestro Guía.

Me gustaría decir que con todos los cambios que están ocurriendo con las energías de síntesis que nos afectan a todos, la colaboración con el Quinto Reino es cada vez más posible, a través de las meditaciones grupales de servicio por ejemplo o de transmisión.

De hecho tengo otra anécdota muy bonita que contar con respecto a una meditación que los Maestros permitieron que guiara ese día en la playa del Cabanyal en Valencia, España; me indicaron el sitio que no fue por casualidad porque parecía que me había equivocado de parada y resulta que cuando quedamos más adelante con el grupo de Imparables de Valencia, el grupo había escogido este sitio donde me llevó mi equipo en verano, hicimos una meditación grupal de servicio con el grupo en esta playa que estuve guiando y fue un momento mágico, porque al invocar a los Maestros para colaborar para nuestro acto de servicio para el planeta Tierra, notamos su presencia a nivel energético, fue un momento único, especial y mágico. Gracias, gracias, gracias por hacer que viviéramos este momento mis compañeros y yo. Foto del grupo de Imparables de Valencia.

Antes de llegar a la conclusión de este libro, me gustaría comentar el hecho siguiente: el día 13 de agosto de 2018 fue un momento muy especial para mí. Iba a descubrir el videoclip que habían hecho Pau Rius e Iván López sobre el tema de *Baila para ti*, sentía una inmensa alegría, mucha felicidad y serenidad y una inmensa gratitud. Una paz interior con la fecha del 13 me acompañaba porque con otras ocasiones con fecha de un 13, momentos importantes de mi vida habían transcurrido y cómo este día tan especial podía ser diferente, de ahí esta quietud y serenidad y agradecimientos hacia mis Maestros, Guías y Seres queridos, el maestro Ismael. Y me gustaría agradecer mucho más allá de su gran profesionalidad a Pau Rius, un ser entrañable, de una infinita generosidad y cualidades humanas, así como a Iván López, a los dos por este magnífico videoclip que han hecho y ayer Pau por explicar todo el proceso para seguir para el proyecto con las diferentes plataformas, abriendo conmigo una cuenta que me abre hacia más horizontes, colgar el vídeo por YouTube. Y esta inmensa gratitud hacia estos Seres maravillosos y muy profesionales que me ayudan en todo este proceso que estoy disfrutando plenamente, dando lo mejor de mí misma, mi verdadera esencia como quieras llamarlo, tan feliz de poder por fin hacer lo que tanto me gusta cantar y bailar con este mensaje, recordando a todos que debemos disfrutar del momento presente y precisamente aquí en este caso, a través de la música y del baile que une a la gente de los pueblos del mundo entero. Vuelve la noción de Unidad que aparece bajo cualquier concepto de expresión que sea y que hacemos los Seres Humanos, unidos entre sí. Y hoy todos los mensajes vuestros que me han llegado y de los que me siento muy agradecida, porque como bien dice Lain, *"Si yo puedo, tú puedes"*, y la verdad era mi sueño de niña, cantar y bailar, escribir y sigo aprendiendo, mejorando, trabajando disfrutando ante todo de todo lo que estoy haciendo a lo largo de este proceso que me lleva hacia mi misión de vida a través de la escritura. Gracias a Tania, Carlos, Pau, Iván y Kike.

Así que gracias, gracias, gracias a todos estos Seres y nuestros acuerdos de almas, a todos nuestros reencuentros, a vosotros, mi "equipo", siempre presente acompañándome y aunque me caiga, subiendo estas escaleras como en mi sueño, lo importante es que sigo subiendo. Sin juicio, sin juzgarme por esta caída porque es necesaria y forma parte del proceso de sanación, y que mientras voy subiendo, disfruto, disfruto cada vez más y lo miro todo con los ojos de una niña, quien lo descubre todo y ve esta magia en cada cosa, en cada persona. Y aunque pueda caerme por mi ego, mi personalidad, que por algún que otro miedo, está para que me dé cuenta desde la plena conciencia, que todo es realmente perfecto, que forma parte de mi proceso de sanación, de superación, entonces estos miedos poco a poco se desvanecen, se esfuman dejando paso a una gran paz, serenidad interior que me indica que voy por buen camino, que ya dentro de nada voy a dejar atrás mis viejos demonios, que no eran reales, solo estaban para que viera con claridad y sabiduría, con inteligencia divina o discernimiento lo que te transmito ahora a través de estos escritos. No juzgarse y perdonarse, perdonarse por todo el daño que nos hemos hecho a nosotros mismos, a las personas implicadas, quienes al fin y al cabo hemos de agradecer por el papel que han aceptado desempeñar, era para la evolución de todos. Es realmente importante dentro de este proceso. Amarse y mirarse con amor, ver tu belleza interior te ayuda a ver a tus hermanos con amor porque sabes perfectamente que ellos también están con su proceso, y que se necesitará el tiempo que haga falta, desde el respeto y el entendimiento.

No significa que al ser más consciente de las cosas que nos está pasando, ya no hay más pruebas. Al revés sigues sanando lo que está por sanar.

Ser consciente requiere de un trabajo diario, estar presente Aquí y Ahora y no perderse en el pasado o en el futuro.

Desde la plena conciencia procuramos mantener la vibración lo más alta que podamos y a veces surgen hechos que nos desestabilizan emocional y mentalmente, y añadiría espiritualmente. Y esto puede hacer que lleguemos a decirnos cosas tremendas o actuar de manera a veces más que irracional. Ahí está, como bien dice Francisco a por estas emociones, que provocan dolor, hay que entrar en ellas y sentirlas, no recordarlas, lo que estaba pasando con mi amiga u con otros seres son un reflejo de algo ya pasado, que se repite disfrazado, que no se ha sanado y aquí está otra vez para sanarlo. Así como dice Francisco a través de las recapitulaciones, entras y revives este dolor para poder sanarlo, superarlo y también como bien dice Lain, se ha de desengramarlos, recuerda es lo mismo.

Te toca verlo, aceptarlo, perdonarte, pedir disculpas o perdón, perdonarte a ti mismo/a por todo el daño que te has hecho, cambiar la actitud tuya frente a lo ocurrido, no juzgarte y amarte, muy consciente de que todo lo ocurrido formaba parte de tu aprendizaje, de la lección que te tocaba aprender y sanar o superar dentro de tu proceso evolutivo. Si no lo ves, repites y si lo ves y sigues igual, seguirá repitiéndose el mismo patrón. Recuerda que aunque te parezcas que estés solo/a en todo este proceso, físicamente lo estás, en realidad siempre estás acompañado de tu "equipo", no lo ignores, habla con él, pregúntales que te guíen, que te enseñen el camino y dalo por hecho, que lo hacen... Siempre te dejan tu libre albedrío, pero sí que te guían y acompañan. Y poco importa el tiempo que vas a tardar para darte cuenta, tenemos toda la eternidad, sin embargo, si te das cuenta en esta vida, mejor.

La *secuencia numérica de los ángeles* 0303 te puede aparecer para recodarte, pegándote un toque por parte de los ángeles como que no haces bien los deberes, como me ha pasado algunas veces con el Maestro Ismael, a quien le pido disculpas, rectificando mi actitud:

0303: "Dios y los Maestros Ascendidos están tratando de obtener tu atención, sobre todo con respecto a un asunto relacionado con tu propósito divino. ¿Hay algún guía que hayas estado ignorando últimamente? Si es así, puedes estarte sintiendo atascado ahora. Esta secuencia numérica es la manera del cielo de alertarte sobre el hecho de que debes realizar tu parte en el proceso de cocreación. Esto significa escuchar y realizar ciertas acciones."

Me encanta esta cita de Daniel de Wishlet, autor de los libros *El mundo esmeralda* y *El amanecer del amor:*

"Cuidarse amorosamente no es ser arrogante o egocéntrico es comprender que si quieres amar a los demás, el Amor empieza por uno mismo."

Y unas citas más que me gusta sacadas de Internet:

"El Universo siempre encontrará una forma de hacerte llegar lo que necesitas para seguir creciendo", extraído de los carteles, mensajes de Un camino para la Luz.

Deepak Chopra: *"Confía en el plan que tiene tu alma aunque no lo entiendas y ten la certeza de que todo saldrá bien."*

"En la infinidad de la vida donde estoy, todo es perfecto y completo. Yo ya no elijo creer en viejas limitaciones y carencias. Yo ya elijo empezar a verme a mí mismo como el Universo me ve, completo y perfecto." Louise Hay.

Y así es... Confía... Ten fe... Supera tus miedos... Salta este muro que te impide ser Libre.

Llegando a la conclusión de este libro, recordemos quiénes somos realmente, "Seres de Luz viviendo una experiencia humana" y no al revés. Cada uno de nosotros con una misión determinada, acordada con nuestros Guías, Maestros y Seres queridos antes de venir a este planeta y que vamos descubriendo, recordando a lo largo de todo nuestro proceso evolutivo que requiere muchas vidas, muchas vivencias y aprendizajes, superando pruebas y transformándonos por el camino, como esta preciosa metáfora de la oruga que se convierte en una magnifica mariposa.

Otro poema que publiqué en *Un nuevo amanecer* y que os hago compartir aquí en este libro, dado que no llegué a promover *Un nuevo amanecer*, autofinancié el libro, imprimiendo unos 200 ejemplares, que salieron en la Librería Verde y la librería Soriano en Valencia, España y poco más. Así que aprovecho la ocasión Aquí y Ahora, al mismo tiempo que también está saliendo a la luz mi proyecto que salió simbólicamente el 13 de agosto de 2018 *Baila para ti*, que encierra también todo un mensaje a través de la música, de la letra y de la expresión corporal y que podéis seguir en mi canal YouTube Geneviève Nieto baila para ti,

Facebook Geneviève Nieto y por

Instagram con en el perfil geno_genevieve_nieto

y en mi página web Bailaparati.com

Y también en Cdbaby donde en mi perfil, hice la presentación siguiente como mensaje:

Me llamo Geneviève Camille Véronique Nieto, nací en Saint-Etienne, Francia, de origen español por parte de mi padre. En la actualidad vivo en Valencia y desde los 13 años me encanta escribir con rimas poemas, pequeñas canciones que hacía para mis compañeros de clase. También con 7 años me encantaba organizar en casa espectáculos para mis padres, amigos donde cantaba, bailaba, *inventaba coreografías, improvisaba... Hoy en día sigo clases de canto, sigo bailando, hago festivales de Banghra, hice festivales de Sevillanas, Flamenco, me encanta bailar Salsa, Bachata, Sh'Bam y Zumba. Hace tres años publiqué un libro titulado* Un nuevo amanecer.

Baila para ti *tiene un mensaje para la Humanidad, para recordar lo que el alma de cada uno de nosotros sabemos, que es disfrutar del momento presente, Aquí y Ahora donde realmente puede expresarse lo que somos, nuestro verdadero Ser, nuestra verdadera esencia y ser uno mismo y aquí en la canción recordar que a través de la música y del baile que une a la gente y a los pueblos del mundo, nos hace Uno con el Universo. Si Yo soy Tú, y Tú eres Yo, somos Uno con el Universo y con esta Unidad así realmente podremos vivir en un mundo mejor, un mundo de Luz, Paz y Amor, desde la plena conciencia y donde se exprese nuestra verdadera esencia.*

Gracias, gracias, gracias por todo lo que tengo, por lo que soy, por todo lo vivido y por todas las cosas maravillosas que están por llegar a mí...

Así que recordar, quiénes somos realmente...

TODOS SOMOS SERES DE LUZ

En esta nueva era, ya ha llegado la hora
de tomar realmente conciencia
de quienes somos de verdad.
Todo es un reflejo de nosotros mismos, de lo que pasa por nuestra vida,

porque creamos nuestra propia realidad;
así el mundo externo es el espejo que refleja
lo que pensamos de nosotros y de la gente ajena,
y tomamos conciencia de lo que nos pasa.

Es importante ver lo que vivimos con amor, compasión y ternura,
siendo agradecidos cada día
por cada cosa que nos sucede, por la gente que nos rodea,
todo ocurre para nuestra enseñanza,
y que así evolucione nuestra alma.

Somos Seres muy poderosos, conectados a la fuente divina.

Debemos afianzar nuestro poder para tomar conciencia
de quiénes somos de verdad, de nuestra conducta
y rectificar, transmutando si hace falta;

conectar con nuestra alma, nuestro Ser, ahí está la finalidad en esta vida;

y desde esta conciencia lo que se debe cambiar, se transmuta.

Después de reencarnarnos en muchas vidas nuestra alma
equilibra energías, adquiere sabiduría
para ser maestros, es la meta
al acabar el ciclo de nacimiento y muerte se accederá
a una dimensión de luz, de amor y de conciencia pura;

"somos seres espirituales viviendo una experiencia humana"
y no al revés, como mucha gente piensa.

Al entrar en una conciencia pura,
ya no se lucha por nada,
todo se ve desde otra perspectiva:
la de la Luz, la del Amor, la de la Compasión, la de la Ternura.

Hablemos de cambio ahora,
primero en nuestro mundo interior y luego más allá,
el mundo exterior para elevar la vibración del planeta,
de la Humanidad.
Es importante la meditación individual y la meditación colectiva,
creando un alma de grupo que colabora
con los maestros, con las energías de síntesis, con los devas para una mejor vida
llena de paz, de luz, de amor y de armonía.
Todas las almas unidas y una invocación se entona:
la de la gran Invocación de *la Gran Hermandad Blanca**,
plegaria mundialmente traducida
para que se realice el Plan de Dios en la tierra.
Me siento muy agradecida
por vivir este período de transición de nuestra nueva era.

Me gustaría agradecer a los dos maravillosos Seres que escogí para mi aprendizaje que han desempañado los papeles de mis padres, y a quienes dediqué este poema en *Un nuevo amanecer*.

MIS SERES QUERIDOS

Mi alma os escogió antes de venir aquí,
no vosotros a mí,
puede parecer una paradoja.
Y me siento muy agradecida,
por todo lo que he ido aprendiendo,
desde el momento en que en tu vientre, mi corazón iba

latiendo.
Desde mi nacimiento y las diferentes etapas de mi vida no he dejado de aprender lo que tocaba.
Aunque más de una vez me rebelaba contra las cosas que no entendía en esos momentos tan formadores que son los de la adolescencia y que se supone eran una enseñanza.
Gracias a los dos por velar de mí en cada momento, por vuestro amor, dedicación y cariño.
Deseabais lo mejor para mí en esta vida, y así fue, no me ha faltado de nada.
Para vosotros también todo lo vivido fue una experiencia: aprender y evolucionar, cada uno a vuestro ritmo cada día.
A ti Mamá, tan cariñosa, a quien tanto te gustaba la vida reírte, bailar,
cantar, amar...
A ti Papá, amable, bromear te gustaba; y con una sonrisa de niño brillaban tus ojos de alegría.
Gracias por velar por mí, amarme, cuidarme y enseñarme.
Seguís muy presentes, aunque en otro plano, desde los Registros Akáshicos,
mis entrañables Seres Queridos, acompañados por mis Guías y Maestros.

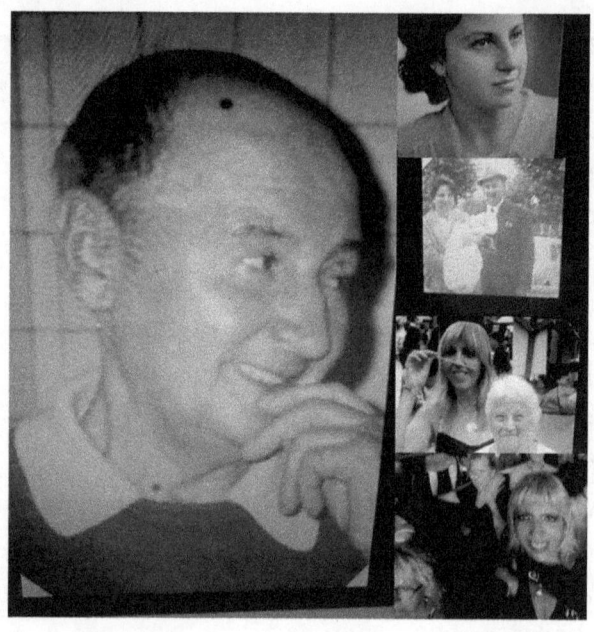

También Meditar es como almas que somos una conexión con nuestra verdadera esencia, nuestro verdadero Ser, es una conexión, un viaje profundo interior, nosotros en este papel de Humanos que siempre estamos dirigidos hacia el exterior, es desde ahí donde dependen nuestros cambios, *"Si Tú cambias, todo alrededor cambia":*

MEDITAR

Qué profundos cambios estamos viviendo,
desde la conciencia y expresándose desde lo más hondo.
Antes de venir a este mundo
todo venía acordado.

Escoger vivir lo que tocaba aprender aquí y ahora
para seguir evolucionando y vivir estos cambios hacia una nueva era,
dejando atrás la era de piscis, para entrar en la de acuario.
Estar en contacto para que se realice en la tierra el plan divino,
con los devas, con nuevas energías, y conectar con el quinto reino.
Con este despertar de la Humanidad
cada ser se busca;
hacia su crecimiento personal, espiritual se orienta,
cambiando si hace falta de conducta,
observando desde la conciencia,
desde una nota vibratoria más elevada.
Ya no funcionan los antiguos patrones de vida,
y en cada uno de nosotros el Amor predomina,
sin olvidar lo que es nuestra meta,
conectar con nuestra alma.
En nuestro interior encontramos la verdad, la paz y la serenidad,
y más de una respuesta
sobre quiénes somos de verdad:
Seres de Luz, chispa divina
y la meditación individual nos ayuda.
En cuanto a la meditación grupal de servicio: forma parte de nuestra misión
la de servir y ayudar a que el amor pase a otra vibración,
más consciente y más elevada,
para que el cambio sea posible para toda la humanidad.
Empezando desde el cuarto chakra, el del corazón Anahata,

para ir subiendo hasta el sexto chakra Ajna,
estando el alma en cualquier sitio de nuestro cuerpo en casa,
en este último chakra su trono está,
por decirlo de alguna manera,
se busca más allá con el séptimo chakra Sahasrara,
crear este canal de luz llamado Antakarana,
unión del mundo espiritual y el de la materia,
que nos lleva hasta Shambala
"Lugar de Paz y Felicidad".

Conectando con los Maestros, con las energías de síntesis
y con los devas o ángeles, estando más cerca,
sin perder de vista este deseo de una sociedad
más feliz y justa,
para nuestra Humanidad,
en la que prevalezcan para todos los Seres la justicia y la dignidad.
Me siento muy agradecida sobre todo por lo que nos enseña Francisco, Lain,
consciente de la elección de mi alma al venir a este mundo.
En este sendero en el que me encuentro,
como en la escuela volviendo,
y con las personas o seres encontrados por el camino,
siguiendo el del iniciado,
para volver a recordar lo que el alma ya tiene como adquirido.
Sé que me encuentro donde debo estar según el orden divino,
mejorando cada día lo que observo,

trasmutando lo que ya no quiero, más allá del ego,
consciente de que no nos afecta tanto
lo que parece real en esta vida y no lo es tanto.
Los miedos, las preocupaciones atrás dejando
ser consciente de estos espejismos,
y vivir plenamente el Aquí y el Ahora
hacia un mundo mejor lleno de alegría y felicidad.

Sin olvidar lo vital que representa la respiración, me repito. Nos hemos olvidado de respirar bien, como cuando éramos bebés, esta respiración de quietud, desde la parte abdominal. En el ajetreo de nuestras vidas mundanas, estamos en estado de supervivencia, acelerados, ansiosos, desde la parte de los pulmones y no cuidamos de nuestro chakra del corazón. Nos olvidamos de conectar con la Madre Tierra a partir del primer chakra Raíz, anclándonos en el momento presente, Aquí y Ahora, único momento en el que se puede manifestar lo que somos realmente nuestra verdadera esencia, nuestro Ser.

Respira también se encuentra en *Un nuevo amanecer:*

RESPIRAR

Es importante y vital en cada momento saber respirar;
tu respiración, saber escuchar,
tomarte este tiempo para ti y así regenerar,
cada célula de tu cuerpo, que te lo agradecerá
cada día de tu vida.
Sentado o tumbado con los ojos cerrados,
haz como una introspección en varios momentos,

que el día es muy largo,
y trae consigo,
sus momentos de agitación y de estrés, que puedes controlar
desde la conciencia para que tu cuerpo con este nuevo despertar,
al respirar,
se sienta agradecido como para preservar y cuidar
cada momento de sentir, de bienestar.
Y agradecer por saber controlar
estos momentos de turbulencia,
que por fin te han dejado respirar con serenidad.

Y para terminar que es importante cada día Agradecer, agradecerlo todo, lo bueno como lo que no es tan bueno, porque aun así te ha traído su propósito de experiencias, de lecciones, de aprendizajes, de vivencias con Seres que han desempeñado un papel importante para que puedas crecer, entender, evolucionar y aunque al principio cuesta muchísimo verlo desde la plena conciencia, poco a poco te haces observador/a de todo lo que te sucede en tu vida y te das cuenta de que todo no es más que una gran obra de teatro en la cual cada uno de nosotros tenemos un papel determinado antes de venir y que cada uno teníamos una función muy precisa para la evolución de cada ser divino que somos para darnos cuenta de que no somos estas emociones negativas que nos han hecho sufrir, que tampoco somos el cuerpo físico, es un vehículo prestado por la madre Tierra para que pudiéramos movernos, desplazarnos aquí en este planeta y que tampoco somos la mente, que la mente es una herramienta que debemos utilizar y no dejar que nos lleve la personalidad, el ego que creemos que somos a través del nombre que se nos ha dado al venir aquí, somos Seres divinos con un potencial ilimitado y estamos aquí en este momento de transición para tomar conciencia de nuestro poder, para retomarlo, y utilizarlo para el Servicio, el Alma es Servicio, Servicio para un bien común, para la Humanidad. Aquí está nuestra misión, nuestro propósito del Alma. Cuando sea el momento, ni antes ni después, cuando sea el momento se te será revelado, tu equipo de los Registros siempre vela, y aunque dentro de tu sistema de creencias no te resuene todo lo contado a lo largo de este libro, sabes en lo más hondo de tu Ser que hay algo más, que nunca estás solo/a, que más de una vez has tenido la prueba por experiencia propia, vivencia propia que te has sentido protegido en una determinada circunstancia.

Simplemente recordar:

"Cada mañana... Decide los rasgos que deseas mostrar hoy; los tipos de experiencias que deseas tener y el tipo de Vida que deseas vivir.

Pon a punto tus músculos actitudinales consiguiendo tener claros estos temas, sosteniendo los pensamientos para luego entregárselos a la Divinidad. Entonces tu mente subconsciente empezará a hacer que se manifiesten."

Marianne Williamson

Y recuerda lo que bien sabe tu alma:

"Tú lo pensaste, Tú lo creíste, Tú lo creaste."

Leyes Universales

AGRADECIMIENTOS FINALES

Me gustaría agradecer una vez más a todas las personas que han cruzado mi camino, y que tanto me han ayudado en este proceso de crecimiento, que va paso a paso, según cada uno, agradecer a mis amigos Rosa García, Mariam Antequera, Fernando Barbe, Kike Madrid, Miguel Ángel Beltrán Olaria, Valeriano Martínez Ruiz, a Carolina Rodrigo por nuestra gran amistad, todo lo compartido a lolo del proceso y apertura hacia el Club de Riqueza con Cristián Abratte por mi compromiso para gestionar mi cartera y conseguir una mayor libertad financiera, que debería formar parte de las asignaturas que nos deberían enseñarnos de pequeño en la escuela, con el Mindfulness o la meditación, así como el Yoga o el Tai Chi, Qi Kung... a mis compañeros de trabajo y conocidos, con los que a través de nuestras vivencias aprendemos tanto y compartimos mucho más... a mis compis de baile, de Banghra, a Pilar o Sat Atma Kaur, Virginia, Merche, a Sara Guirado y a Noemi con la formación este año de Danza oriental, a todo el equipo de instructores de Forus Rambleta donde me encanta bailar Sh'bam y Zumba, y hace muy pocdentro de mis retos con las actividades de Body Attack, BodyPump, a veces Body Combat......,

y en cuanto a mi gran aventura a través de la canción y del baile, me gustaría agradecer a Tania Centeno, mi profesora de canto y amiga con quien vivo preciosas experiencias musicales de armónicos, de risas, de disfrutar de cada instante con nuestras charlas trascendentales, a Carlos Mansa por nuestra colaboración en el proyecto de *Baila para ti* - música y arreglos, a Pau Rius y a Ángel López dos Seres maravillosos y muy profesionales en el mundo musical y videoclip musical.

En este libro he nombrado,

a Mar Almodóvar Lorca que me sigue desde casa, desde otro plano, a Francisco Redondo, con quienes hace años empecé mi Despertar, y me abrió al mundo de la Física cuántica, Metafísica, a Diana Solaz con mi formación de Maestría de Reiki, de los Registros Akáshicos y numerosos talleres, a Marisol Ramos con mi formación del Método Yuen...

a Toni Pons, gran Ser con una gran misión con una gran capacidad de control del poder mental que aprecio muchísimo y a más personas

con quienes muy agradecida me siento,

y muy agradecida en especial con Lain García Calvo, quien desde que nos conocemos antes de la mentoría ahora del Best Seller, es decir desde el año 2017, en el evento de noviembre de 2017, y el de junio de 2018 y cuando vino al Club de Riqueza en Valencia de Cristián Abratte este año 2018, de por su gran labor y misión, su vivencia y su gran misión me ha permitido acelerar todo mi proceso evolutivo.

Y mencionar al Maestro Ismael, mis Maestros, Guías,

Seres queridos, Arcángeles y Ángeles y agradecer el vínculo, todo el mundo angélico,

Haciendo que este *Nuevo amanecer* y ahora *Diálogo con mis Maestros, guías y seres queridos... Los Registros Akáshicos y el Mundo angélico - Conexión del cuarto reino, los Humanos con el Quinto Reino, los Maestros en esta era de Acuario* vean el día.

En esta búsqueda a través de estos aprendizajes, de estas vivencias, la finalidad es conectar con nuestra alma, con nuestro Ser y algún día, después de muchas vidas, llegaremos a ser Maestros.

Mientras tanto nos toca vivir en el Aquí y Ahora, disfrutar de cada momento que se nos presenta con Amor, Luz, Paz, Armonía y Serenidad.

Mi segundo libro de la Trilogía *Un nuevo amanecer*, se titula *Nuevos comienzos: Rendición, Liberación, Ascensión* y te invita a seguir desde todos estos cambios evocados en este libro el proceso de Ascensión por el cual estoy pasando.

Para acabar este libro, he querido como anexo, adjuntar tres poemas en francés sobre escritores conocidos.

Uno lo escribí en la adolescencia, el de Alphonse Daudet, y los otros más adelante, sobre Honoré de Balzac y Victor Hugo.

Se publicaron en la revista Koiné para su 25 aniversario, en la EOI de Castellón, en 2010, por ser exacta.

Nuevos comienzos: Rendición Liberación Ascensión es el segundo libro de la trilogía y en cuanto al tercero, se titula *Misión – Servicio del Alma*.

Confiando que esta gran aventura siga, La de la escritura, y que si no se guía con la pluma, es el corazón la que la lleva.

Citaré estas frases que solía decir mi padre cuando era pequeña:

"Pour parler de ce que l'on aime, "
est-il besoin de réfléchir?

On prend la plume et on écrit
car c'est le coeur qui la conduit."

"Para hablar de lo que a uno le gusta,
¿pensar, hace falta?
Se coge la pluma y se escribe con ella
Dado que es el corazón es el que la lleva."

Todo lo que viene a continuación es fruto de mi búsqueda, de mi crecimiento espiritual y de mi camino de iniciado a partir de los diferentes talleres en los que he participado, de mis diferentes lecturas, y de los que están por hacer.... Siempre vamos aprendiendo... y todo no viene mencionado..., un pequeño guiño...

- Reiki técnicas japonesas - nivel 1 - domingo 8 de noviembre de 2015 con Diana Solaz
- Sanakashic: sanación con los registros Akáshicos con Diana Solaz - 31 de octubre de 2015
- Círculo de reiki: encuentro una vez al mes con Diana Solaz
- Reiki: actualmente nivel 2, preparando el nivel 3 y la maestría con la formación para ser terapeuta Formación completa con otras técnicas japonesas - Federación Unireiki con Diana Solaz
- Registros Akáshicos: formación completa 3 niveles con Diana Solaz;
- Yoga: práctica de Hatha yoga y terapéutico, Yoga Nidra, Raja yoga con Clania y Francisco.
- Ciencia de la meditación con Francisco Redondo, participación a las meditaciones de Plenilunio de servicio en el Instituto Luis Vives una vez al mes

Diferentes talleres con Francisco Redondo:

- Los mantras, Activación de la Glándula pineal
- El despertar del Tercer Ojo
- Las Leyes universales
- Los chakras y la energía Kundalini

- Más allá de la mente: guías de afirmaciones y visualizaciones creativas
- Antropogénesis: Historia de la Humanidad, Los misterios de los Siete rayos, Cuerpos sutiles y Aura humana, El misterio de las Iniciaciones, El sagrado camino de los "Yogas", Prácticas y ejercicios espirituales, La ley de la reencarnación y del karma, El verdadero hombre: Cuerpo-Alma-Espíritu, Los mundos invisibles: Planos y dimensiones, La Evolución de la vida y de la forma, Leyes y principios Universales....
- Taller de Psicosofía con Francisco Redondo: terapia integral del alma, Vivir Aquí y Ahora, Origen de la enfermedad, Trascender el sufrimiento, Evolución hacia la plenitud, Visualizaciones sanadoras, Camino hacia la sanación...
- Taller sobre los Arcángeles y Ángeles con Mar Almódovar
- Taller sobre los ángeles sanadores con Maricarmen Cayuela Serrate
- Taller sobre la limpieza de energías negativas con Diana Solaz
- Taller del Encuentro con los Ángeles con Diana Solaz
- Taller de Jin Shin Jyutsu con Teresa Sanz Sanchís: el 27 de junio 1r módulo
- Encuentro con Michel Almeras sobre la Piedra del corazón de Uruguay con Diana Solaz el 21 de julio de 2015
- Meditación grupal de Plenilunio cada mes en el Instituto Luis Vives de Valencia.
- Presentación del taller de Feng Shui con Soledad Fernández en julio para el mes de septiembre de 2015

- Taller de transmisión de mantras tibetanos con la ceremonia del cacao sagrado impartido por Andrés Almasana y con Diana Solaz en septiembre de 2015.
- Meditación - Mensaje de los Maestros ascendidos con Reme Pons Garí en Flor de Pasión en septiembre de 2015

Namaste "Mi alma saluda a tu alma"

Mis lecturas:

Libros de Lain García Calvo:
- *La voz de tu alma*
- *Tu propósito de vida*
- *Un milagro en 90 días*
- *Cómo atraer el dinero* con el cuaderno de ejercicios
- *Abriendo puertas de bendición*
- *Vuélvete Imparable* Volumen I y II
- *Sanación del Alma*
- *Fe*
- *Vuélvete Millonario* volumen I y II
- *Cómo atraer el Amor* volumen I y II
- *Cómo atraer el Amor,* volumen I yI I,
- *Padre rico, padre pobre* de Robert T. Kiyosaki
- *El cuadrante del flujo de dinero Guía del padre Rico hacia la libertad financiera* de Robert T. Kiyosaki
- *Los secretos de la mente millonaria* d. Harv Eker
- *Maestría en Cashflow - Todo lo que sé de finanzas lo sé por el juego de Cashflow* de Cristián Abratte
- *Conversaciones con Dios* de Neale Donald Walsch

- *La práctica de las Llamas – Enseñanzas del Maestro Saint-Germain*
- La Biblia: el Antiguo y el Nuevo testamento
- *La luz diamantina* de Francisco Redondo
- *Los cuatro acuerdos* de Dr. Miguel Ruiz
- *El secreto* de Rhonda Byrne
- *La magia* de Rhonda Byrne
- *El poder* de Rhonda Byrne
- *Comunicándose con el Arcángel Uriel* de Richard Webster
- *Comunicándose con el Arcángel Miguel* de Richard Webster
- *Comunicándose con el Arcángel Gabriel* de Richard Webster
- *Comunicándose con el Arcángel Rafael* de Richard Webster
- *Practicando El poder del Ahora* de Eckhart Tolle
- *El alquimista* de Paulo Coelho
- *Manuel del guerrero de la Luz* de Paulo Coelho
- *Aleph* de Paulo Coelho
- *Valquirias* de Paulo Coelho
- *Maktub* de Paulo Coelho
- *El peregrino de Compostela* de Paulo Coelho

para citar solo algunos...

Me gustaría citar frases de autores o simplemente mensajes que se pueden encontrar en estas páginas espirituales, hay muchísimas, solo voy a reflejar aquí las que a lo largo de este mes y medio de elaboración de este libro me han llegado e interpelado y compartirlas contigo:

Angelus Silesius:

"L'âme est un cristal; la divinité, sa lumière."

"El alma es un cristal; la divinidad, su luz."

Defreds:

"Me gustan las personas que se alegran de las cosas bonitas que les pasan a los demás. No hay mejor formas de ser feliz"

Página espiritual: *Un camino hacia la Luz*: *"Algunas veces es mejor decir NO y que se molesten con nosotros, que decir Sí y molestarnos con nosotros mismos." Un camino hacia la luz."*

Reflexión en un artículo publicado en *El camino de la Luz* que me ha gustado porque está muy bien enfocado y es así:

"¿Qué puedo hacer para entrenar mi mente?

Cuando te digo que todos Somos Maestros, me refiero a que todos, absolutamente todos, estamos enseñando algo y aprendiendo también; claro que esto es posible ver cuándo se tiene un poco de más claridad...SOY ESPEJO Y ME REFLEJO....

La práctica es de vital importancia para poder lograr la armonía en las relaciones con los demás y con Uno mismo.

En cada situación analizar los siguientes aspectos:

¿Qué es lo que estoy sintiendo con esta persona y su actitud?

¿Qué o a quién me recuerda esta persona con su comportamiento? Puedo encontrar algo de esta persona en mi comportamiento? Si ya comprendí que Somos espejos Unos de Otros..., ¿baja mi molestia? ¿Mi incomodidad?

Me puedo dar cuenta de que si pensara como esa persona, con su historia, heridas emocionales, ¿actuaría igual que ella?

¿¿¿Tengo humildad de pedir ayuda profesional para resolver mis propias heridas emocionales???

Permitirme sentir en vital para liberar la carga emocional.

Si en cada situación cómoda e incómoda, agradable o desagradable nos detenemos a pensar y analizar con profunda sinceridad,..

¿Qué es lo que tengo yo de esta persona que hoy es mi Maestro?, pronto nuestras relaciones serán de más calidad, Amor y fraternidad.

Si te permites sentir la sensación que ha surgido, liberas la carga emocional bajando la intensidad, y así podremos vivir más plenos (as)."

Página espiritual: Un camino hacia la Luz: "Visualiza siempre un gran día. La mente será lo que el corazón siente."

Página espiritual: Un camino hacia la Luz:"Mantener vivo el niño que hay en nuestro interior, es ser capaces de seguir mirando al mundo con ilusión y esperanza... Y que las pequeñas cosas aún tengan la suficiente magia como para hacernos sonreír."

W. Shakespeare: "La Tierra tiene música para aquellos que la escuchan"

Página espiritual: Un camino hacia la Luz:

"La verdadera felicidad es la que nos inunda de serenidad, esa que nos ancla en la Tierra y nos une con el cielo, la que nos interrelaciona con otros, y la que se mantiene a pesar de los baches, ésa que nos infunde esperanza y se construye paso a paso con constancia y confianza."

Louise Hay: "Mantengo mis pensamientos centrados en lo que quiero experimentar."

Página espiritual: Un camino hacia la Luz:

"¿Qué es un maestro? No es aquel que enseña algo, sino aquel que inspira al alumno a dar el mejor de sí, para descubrir un conocimiento que ya tiene dentro de su alma."

Página espiritual: Un camino hacia la Luz:

"Eres un Ser único, merecedor de toda la Abundancia... Por eso Yo, el Universo, siempre te estoy escuchando y creando tu realidad partir de tus pensamientos." Tú mandas...

Buda: "La tranquilidad es la mejor expresión de la Felicidad."

Página espiritual: Un camino hacia la Luz:"La Danza libera el alma. Bailar es liberar los sentimientos más profundos y aliviar el alma, llorar... bailar, reír... bailar, pensar... bailar, amar... bailar..."

Página espiritual: Un camino hacia la Luz: "A veces es bueno parar, para ver si lo que quieres de tu vida, coincide con las cosas que estás haciendo"

Buda: "Solo puedes perder a lo que estás aferrado".

Página espiritual: Un camino hacia la Luz: "Mirando a través del Amor, la vida se vuelve más bella y se alegra el corazón."

Deepak Chopra: "Somos los viajeros de una travesía cósmica, polvo de estrellas danzando y girando en las corrientes y los torbellinos del infinito. La vida es eterna, pero las expresiones de la vida son efímeras, momentáneas, transitorias. Nos hemos detenido momentáneamente

Para encontrarnos unos a otros,

Para conocernos, amar y compartir.

Este es un momento precioso pero transitorio.

Es un pequeño paréntesis en la eternidad

Si compartimos con cariño, alegría y amor,

Crearemos abundancia y alegría para todos

Y entonces este momento habrá valido la pena."

Eckhart Tolle: *"El mundo solo puede cambiarse desde dentro."*

Ricard López: *"Cree en el bien y este se manifestará. No olvides que todos los corazones son Uno, que solo existe el Uno imperecedero. Que no existe diferenciación real. Que cuando reconoces tu propia Divinidad, eres Uno con Todo, y ya no necesitas fronteras ni murallas de separación."*

Página espiritual: *Un camino hacia la Luz:* *"La espiritualidad no es solo meditar y estar en silencio, es divertirse y disfrutar la vida."*

Luhema: *"Somos viajeros en este universo y vamos al encuentro de nosotros mismos."*

Thich Nhat Hanh:*"Si te pierdes el momento presente, te estás perdiendo tu cita con la vida."*

Página espiritual: *Un camino hacia la Luz:*

"Las relaciones importantes son planeadas por las almas mucho antes de que los cuerpos se encu entren."

Página espiritual: *Un camino hacia la Luz:*

"El alma siempre sabe cómo sanarse a sí misma. El desafío es silenciar la mente."

Eckhart Tolle: *"La vida es una aventura, no un viaje organizado"*

Página espiritual: *Un camino hacia la Luz:* *"Nuestro peor problema de comunicación, es que no escuchamos para entender; escuchamos para contestar."*

Viktor Franck: *"Cuando ya somos capaces de cambiar una situación, estamos desafiados a cambiarnos a nosotros mismos."*

"El Amor es la fuerza que transforma y mejora el Alma del Mundo" Paolo Coelho El Alquimista

Página espiritual: *Un camino hacia la Luz:* *"No es la felicidad la que nos hace ser agradecidos, ser agradecidos es lo que nos hace felices."*

Página espiritual: *Un camino hacia la Luz:* *"A todo lo que le pones Amor, se vuelve magia"*

Página espiritual: *Un camino hacia la Luz:* *"Hazle un favor al Universo, no escondas tu magia"*

Ricard Bach: *"Aprender es descubrir lo que ya sabes. Actuar es demostrar que lo sabes."*

Página espiritual: *Un camino hacia la Luz:* *"La magia se encuentra allí donde pones tu atención."*

Página espiritual: *Un camino hacia la Luz:*"*Si tus sueños son grandes es porque tu capacidad de lograrlos también lo es."*

Página espiritual: *Un camino hacia la Luz:* *"El camino señalado es invisible. Solo el corazón puede verlo. Sentir es la clave para seguir avanzando hacia la luz"*

Marguerite Yourcenar: *"Siempre hace falta un poco de locura para enfrentar al destino"*

Página espiritual: *Un camino hacia la Luz:* *"La soledad a veces es la mejor compañía, y un corto retiro, trae un dulce retorno."*...

Deepack Chopra: *"No hay piezas extra en el universo. Todo el mundo está aquí porque él o ella tiene un lugar para llenar, y cada pieza debe encajar en el gran rompecabezas."*

Página espiritual: *Un camino hacia la Luz:* *"La energía del Amor y la Unidad es la realidad. Es ahora el tiempo de reclamar nuestro poder innato y tomar decisiones cada día desde un lugar de conciencia... y el corazón."*

Página espiritual: *Un camino hacia la Luz:* *"Tu mente siempre recuerda lo malo, lo difícil, lo negativo. Recuérdale tú a ella tu grandeza, tu inmensidad, tu pasión, tu fortaleza."*

Osho sobre

SOLTARSE

"Soltarse" es la profunda comprensión del fenómeno de que somos parte de una sola existencia. No podemos per-

mitirnos tener egos separados; somos uno con el todo. Y el todo es vasto, inmenso.

Tu comprensión te ayudará a fluir con el todo, adonde quiera que se dirija. No tienes ninguna meta separada del todo, y el todo no tiene meta. No va a ningún sitio.

La comprensión del "soltarse" te ayuda simplemente a estar aquí¬ presente, sin metas, sin conflicto, sin lucha, sabiendo que la lucha es contigo mismo y por lo tanto es simplemente una tonterí-a."

Osho: "Se trata simplemente de sentarse silenciosamente, observando los pensamientos pasando a través de ti. Simplemente observando, no interfiriendo, no juzgando, porque el momento en que juzgas, has perdido la pura observación. El momento en que dices "esto es bueno, esto es malo", has saltado en el proceso de pensamiento."

Página espiritual: *Un camino hacia la Luz:*

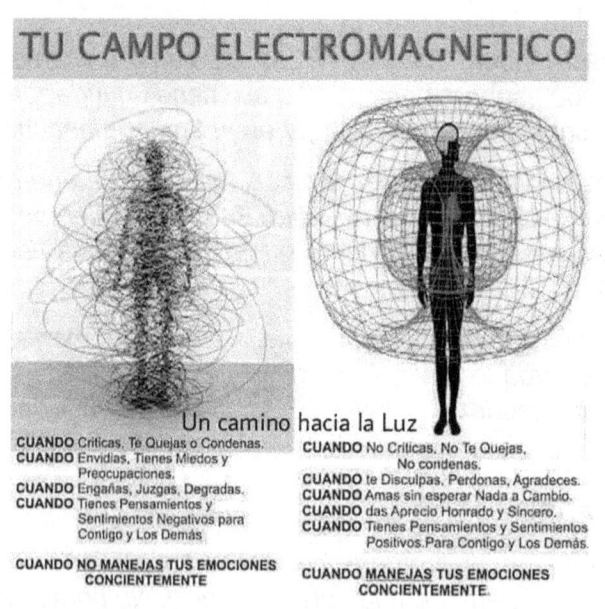

Thich Nhat Hanh:

"Al inhalar, aquieto mi cuerpo.

Al exhalar, sonrío.

Habitar el momento presente

es hacerlo un momento maravilloso."

Victor Hugo: "La libertad es el aire respirable del alma humana."

Página espiritual: Un camino hacia la Luz:"Aquellos que creen en la magia están destinados a encontrarla."

Osho: "La capacidad de estar solo es la capacidad de amar. Puede parecer paradójico, pero no lo es. Es una verdad existencial, solo aquellas personas que son capaces de estar solas, son capaces de amar, de compartir, de ir al centro más profundo de otra persona, sin poseer al otro, sin ser dependiente del otro, sin reducir al otro a una cosa y sin convertirse en adicto al otro.

Poemas en francés que escribí cuando era adolescente y adulta:

AU FIL DU TEMPS
À LA DÉCOUVERTE D'AUTEURS D'ANTAN

À vous de deviner qui sont ces auteurs,
qui au fil des ans, auncune ride n'ont pris,
ils font tout simplement partie
de ces moments de la vie.
Découvrez tout en rime,
des instants de leurs vies intimes.

En 1840 à Nîmes vit le jour, ce conteur et écrivain
si célèbre pour ses *Lettres de mon moulin,*
où il évoque sa chère Provence
et ses souvenirs d'enfance.
La chèvre de Monsieur Seguin
et *l'Arlésienne* ne sont pas loin,
sans oublier ce cher *Tartarin.*
Le curé de Cucugnan et *le Sous-Préfet aux Champs*
ne font pas partie
de ce bruyant Paris,
mais de la Provence
ce merveilleux coin de France.
La diligence de Beaucaire
ou *l'élixir de révérend père*
de son nom Gaucher,
sont bien dans les esprits sans sourciller.
Des Contes du lundi ou du *Petit Chose*
c'est au coin du feu qu'on en cause.
Bien d'autres oeuvres pourraient être citées,
c'est à vous d'y songer.
Tu peux dire qui tu es,
cher Alphonde Daudet.

C'est à Tours en 1799 que naquit le petit Honoré.
avant d'être écrivain, il fut clerc de notaire et avoué.
Puis il se lança dans la grande aventure
de la littérature.
Parmi ses oeuvres, on retiendra *Le Dernier Chouan* et *La Peau de chagrin*,
consacrant sa vie à un énorme travail humain
où apparaissent *Eugénie Grandet* ou encore *Le Père Goriot*,
la cousine Bette, le cousin Pons ou *César Birotteau*.
Du Lys dans la vallée aux Illusions perdues,
il part de personnages livresques ou de gens connus,
pour nous parler de la Comédie Humaine
et des aléas de la vie avec ses joies et ses peines.
Doué d'imagination et d'un sens étonnant de l'observation,
c'est un visionnaire puissant qui a peint l'énergie, la passion,
la prise du pouvoir par le monde de l'argent,
c'est la société française toute entière reflétée et ces gens.

Une révérence au critique littéraire, essayiste, journaliste et romancier,
Monsieur de Balzac, de son prénom *Honoré*.

C'est en 1802 à Besançon que naquit cet écrivain,
dramaturge, poète, politicien et académicien.
Souvenez-vous de Fantine, Cosette, Gavroche et de Jean Valjean,
avec qui on franchit un grand pas dans le temps,
pour nous retrouver en toile de fond
sous la Révolution.
Dans *Les Misérables*, que de personnages nous sont contés
qui sont le reflet de toute une société.
Et il nous apparaît Esméralda sur le parvis
de *Notre-Dame de Paris*,
Frollo y Quasimodo l'ont suivie.
On pourrait citer bien d'autres oeuvres de ce génie,
Ruy Blas, *Lucrèce Borgia* ou encore *Hernani*.
Des Châtiments aux *Contemplations*,
ce sont des oeuvres pleines d'émotions.
Elles sont nées de l'exil,
et de la perte de Léopoldine, sa fille.
C'est à cette puissance créatrice que nous tirons notre chapeau,
un grand merci à *Monsieur Victor Hugo*.

www.ingramcontent.com/pod-product-compliance
Lightning Source LLC
Chambersburg PA
CBHW032249150426
43195CB00008BA/373